50 JAHRE ÖSTERREICH

Die Deutsche Bibliothek – CIP Einheitsaufnahme
Fünfzig Jahre Österreich : Geschichte und Geschichten aus
Politik, Kultur und Gesellschaft in Text, Photographie und
Karikatur 1945 – 1949 / Johannes Kunz ; Gustav Peichl (Hg.). –
1. Aufl. – Wien : Brandstätter, 1994
ISBN 3-85447-479-2
NE: Kunz Johannes [Hrsg.]

1. Auflage 1994

ISBN 3-85447-479-2

Der Entwurf des Schutzumschlags stammt von Gustav Peichl und Christian Brandstätter,
die graphische Gestaltung des Werkes von Christian Brandstätter.
Das Lektorat besorgte Helga Sieche, die technische Betreuung Franz Hanns.
Die Reproduktion der photographischen Abbildungen in duotone erfolgte beim Druckhaus Grasl in Bad Vöslau,
Satz, Druck und Bindung wurden von der Druckerei Theiss in Wolfsberg ausgeführt.
Gesetzt wurde aus der Futura Condensed Light, 11 Punkt auf 14 Punkt

Christian Brandstätter Verlagsgesellschaft m. b. H.
A-1080 Wien, Wickenburggasse 26
Telephon 1 - 408 38 14 · Telefax 1 - 408 72 00

50 JAHRE ÖSTERREICH

Karikaturen von IRONIMUS

Text von Johannes Kunz

Photographien in duotone von
Ernst Haas, Franz Hubmann, Fred Langenhagen,
Peter Lehner, Erich Lessing, Barbara Pflaum, Lothar Rübelt,
Nora Schuster, Harry Weber, Margret Wenzel-Jelinek u. a.

Verlag Christian Brandstätter • Wien

Inhaltsverzeichnis

Fünfzig Jahre Österreich

Die erste Hälfte des zwanzigsten Jahrhunderts war geprägt von zwei katastrophalen Kriegen, wie sie die Welt bisher nicht gekannt hatte; in beide war Österreich von Anfang an verwickelt. Während der Erste Weltkrieg indirekt von Kaiser Franz Joseph I. durch die Kriegserklärung Österreich-Ungarns an Serbien ausgelöst wurde, entfachte den Zweiten der Österreicher Adolf Hitler an der Spitze des „Dritten Reiches", dem Österreich ab 1938 als „Ostmark" angegliedert war. Das Ende beider großen Kriege hatte für Österreich und seine leidgeplagte Bevölkerung weitreichende Konsequenzen: Der Erste Weltkrieg endete in einer militärischen und politischen Niederlage, das Habsburger-Reich wurde zerschlagen und im wirtschaftlich ausgehungerten österreichischen Kernland die Republik ausgerufen; den Zweiten Weltkrieg verlor das „Dritte Reich". Österreich wurde in den Grenzen von vor 1938 wiedererrichtet, und die Zweite Republik wurde ausgerufen. Das kleine Land mußte allerdings eine zehnjährige Besatzungszeit durch die vier Siegermächte hinnehmen. Seit 1945 erlebt Österreich in jeder Hinsicht einen kontinuierlichen Aufschwung in Frieden. Gewiß waren die zehn Jahre der Besatzung nicht leicht, doch wurde letztlich gerade in dieser Zeit des Wiederaufbaus, also zwischen 1945 und 1955, der Grundstein für eine Prosperität sondergleichen gelegt. Man bedenke: ein halbes Jahrhundert sind Österreich und seine Bürger jetzt schon von bewaffneten Auseinandersetzungen verschont! Und das, obwohl es rund um dieses Land Krisen und Kriege gab. Zur Erinnerung: da war 1956 der Aufstand im kommunistischen Ungarn, 1968 die Invasion von Warschauer Pakt-Truppen in der CSSR, und am Beginn der neunziger Jahre der Krieg im auseinanderbrechenden Jugoslawien. In all diesen Fällen blieb Österreich nicht nur ein direktes Mit-hinein-Gezogenwerden erspart, das Land machte vielmehr durch große humanitäre Hilfsanstrengungen weltweit auf sich aufmerksam.

Leopold Figl

Die Geschichte der Zweiten Republik ist eine einzigartige Erfolgsstory – vor allem dann, wenn man sie mit der Ersten Republik vergleicht, die Österreich zwischen den beiden großen Kriegen mit Bürgerkrieg und autoritärem Ständestaat eine ungeheure innenpolitische Polarisierung brachte.

Es gibt verschiedene Formen, diese Erfolgsstory medial

aufzuarbeiten. Hugo Portisch, dem Fernseh-Historiker der Nation, gelang mit der Dokumentarreihe „Österreich II", begleitet von Video- und Bucheditionen, ein Monumentalwerk. Gemeinsam mit Gustav Peichl und namhaften österreichischen Photographen versuche nun ich, mit dem vorliegenden Buch einen anderen Weg zu gehen: Nicht die punktuelle Darstellung der Geschichte in chronologischer Abfolge war unser Ziel, sondern das Herausgreifen jener Ereignisse, die eine besondere Rolle in der Entwicklung des Landes gespielt haben. Zeitgenössische Photographien, die unvergleichlichen Karikaturen von Ironimus und sparsame Kommentare rufen längst vergangene Zeiten in Erinnerung, wobei stets die handelnden Personen – nicht ein Ereignis – in den Mittelpunkt gestellt werden. Geschichte ist ja – im Positiven wie im Negativen – ein Produkt von Menschenhand. Kleine Geschichten, Anekdoten und auch Witze werfen Schlaglichter auf Geschehnisse in Politik, Wirtschaft, Gesellschaft und Kultur.

Bruno Pittermann

Die Abfolge der ersten fünf Jahrzehnte der Zweiten Republik weist im Dezennien-Abstand Zäsuren aus: 1945 war der Krieg zu Ende, 1955 brachten Staatsvertrag und Neutralitätsgesetz Freiheit und Unabhängigkeit, Mitte der sechziger Jahre zerbrach die große Koalition, Mitte der siebziger Jahre war die Ära Kreisky auf ihrem Höhepunkt, Mitte der achtziger Jahre gab es das glücklose Intermezzo der kleinen Koalition SPÖ/FPÖ, und 1995 wird Österreich der Europäischen Union beitreten. Damit wird das Land den fünfzigsten Geburtstag der Zweiten Republik als selbstbewußtes Mitglied in einem politisch und wirtschaftlich integrierten Europa begehen, ehe 1996 die Feierlichkeiten „1000 Jahre Österreich" auf der Tagesordnung stehen.

Die Lehrzeit der direkt oder indirekt für diese Erfolgsstory Verantwortlichen begann 1918, als die Monarchie zerbrach und die Geburtsstunde der Ersten Republik schlug. Jene Österreicher, die in der Zweiten Republik bisher Verantwortung trugen, haben nämlich aus den blutigen Erfahrungen der Ersten Republik gelernt. Der vielzitierte Satz, wonach auf den Lagerstraßen der Nazi-KZs der Grundkonsens für das Miteinander nach dem erhofften Ende des Zweiten Weltkriegs zwischen inhaftierten Politikern der alten Linken wie der Rechten zustande kam, stimmt tatsächlich.

Die Photographie ist ein realistisches Zeitdokument, doch auch Witz, Satire, Anekdote und Karikatur sind zeitgeschichtliche Dokumente. Das gilt sowohl für die Demokratie, in der freie Meinungsäußerung nicht mit einem Begräbnis endet, wie auch für die Diktatur, in der man tun und lassen kann, was die Regierung vorschreibt, und in der man zu allem, was nicht verboten ist, gezwungen wird. Das Österreich dieses zwanzigsten Jahrhunderts hat beides erlebt. In diesem Land, das sich von Deutschland hauptsächlich durch die gleiche Sprache unterscheidet, entwickelte sich eine eigene, nahezu Nestroysche Art, Monarchie, autoritäres Regime, Nazidiktatur und Demokratie zu glossieren. Die Palette dieser Witze, Bonmots und Anekdoten reicht von den böhmakelnden Schweijknaturen der österreichisch-ungarischen Monarchie über die reizvollen Geschichten Roda Rodas und den legendären Grafen Bobby bis zur neureichen Frau Pollak. Jede Phase der Geschichte hat die Witze, die sie verdient: Von der „Da kannst nix machen"-Mentalität der Zwischenkriegszeit über die bissigen Naziwitze bis zur Maxime des „Leben und leben lassen" in der Ära des Wiederaufbaus der Republik nach 1945. Karl Kraus hat einmal geschrieben: „Ich halte die Republik für eine mindestens ebenso vortreffliche Manier, mit dem Ernst des Lebens fertig zu werden, wie das Tarockspiel, und da es Menschen gibt, die vom Tarockspiel leben, so ist der Berufspolitiker eine durchaus verständliche Erscheinung. Umso mehr, als er immer nur auf Kosten jener gewinnt, die nicht mitspielen. Aber es ist in Ordnung, daß der Kiebitz zahlen muß, wenn das geduldige Zuschauen seinen Daseinsinhalt bildet. Gäbe es keine Politik, so hätte der Bürger bloß sein Innenleben, also nichts, was ihn ausfüllen könnte." Ein spitzes Wort mit wahrem Kern! Ein Trost bleibt dem Bürger aber auch dann, wenn er als Kiebitz zahlen muß: der Witz.

Sigmund Freud mag mit seiner Bemerkung recht haben, daß der Witz imstande sei, dem Menschen selbst über körperliche Schmerzen hinwegzuhelfen. Es gab schon Zeiten, da war der Witz die einzige Waffe des Bürgers gegen Terror und Unterdrückung. Jahrzehnte später weiß man oft nicht mehr: War's ein Witz oder eine tatsächliche Begebenheit, eine Anekdote also. Ein paar Beispiele gefällig?

Nach dem Zusammenbruch der Monarchie 1918 kommt einem alten k.u.k. Feldmarschalleutnant der Stoßseufzer über die Lippen: „So eine schöne Armee haben wir g'habt – die bunten Uniformen, die Militärmusik, die blitzenden Waffen und die Kavallerie – welch eine Augenweide! Ich muß sagen: Es war die schönste Armee der Welt! Und was hat man mit ihr gemacht? In den Krieg hat man sie g'schickt!"

In den zwanziger Jahren sitzen zwei Wiener in einem Vorstadtbeisel. Sie unterhalten sich über Probleme der Staatsform, wobei der mit der noch röteren Nase klar und deutlich für die Monarchie Stellung nimmt: „Schau Ferdl, in der Monarchie hab i g'wußt, wann i schimpf, nocha riskier i, daß i eingspirrt wia; in der Republik kann i schimpfen, soviel i wü, gschehgn kann ma nix deswegen – na freut's mi nimmer!"

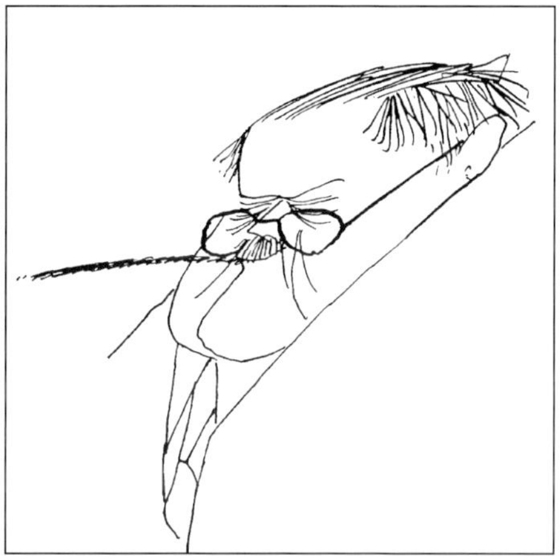

Julius Raab

Und in den dreißiger Jahren wird der christlichsoziale Bundeskanzler Engelbert Dollfuß, der 1934 von Nationalsozialisten ermordet werden sollte, ob seiner geringen Körpergröße mit dem Spitznamen „Millimetternich" bedacht. Ein Herr bestellt in einem Wiener Kaffeehaus „einen Dollfuß". Der Kellner fragt, was denn „ein Dollfuß" sei. „No, ein kleiner Schwarzer."

Ein reichsdeutscher Nazi und ein österreichischer Heimwehrmann unterhalten sich über die Anschlußfrage. „Ihr saudummen Österreicher", tobt der Parteigenosse los, „wollt ihr denn nicht begreifen, daß unser Hitler ein Geschenk Gottes an das deutsche Volk ist?" „Dös glaubst", grinst der Österreicher, „dös is andersrum: Den Hitler, den hab'n mir auf enk loslassen – als Revanche für 1866!"

Nach dem Einmarsch deutscher Truppen verkündet im März 1938 ein Transparent auf der Wiener Ringstraße:

„Wien ist frei!" Frau Pollak zu Frau Rubinstein: „Was, die Deutschen sind schon wieder weg?"
Flüsterspruch aus Wien: Gut, daß Hitler im Ersten Weltkrieg schon Gefreiter war, sonst wäre er noch gemeiner.
In einem D-Zug sitzt ein SA-Führer einem Juden gegenüber. Der SA-Mann findet keine Ruhe, er muß sein Gegenüber provozieren: „Sag mir, wer trägt die Schuld daran, daß wir den Ersten Weltkrieg verloren haben?" „Die jüdischen Generale, Herr Sturmführer." „Wieso denn? Wir hatten doch gar keine jüdischen Generale!" „Wir nicht, aber die anderen!"
Österreichischer Vers zu Beginn der vierziger Jahre:
Bei Gulden und Kreuzer ham ma g'lebt wie die Schweizer,
Bei Kronen und Heller war a Schnitzel am Teller,
Bei Schilling und Groschen lief das Fett über die Goschen,
Bei Mark und Pfennig? Ans is a Dreck und 's andre zu wenig.

Alfons Gorbach

Beim Tierarzt erscheint 1944 eine Dame mit einem kleinen Dackel. Trotz eingehender Untersuchung kann der Tierarzt nichts finden. „Aber warum zittert er denn so den ganzen Tag?" fragt die Dame. „Ja, das ist halt jetzt so. Die braunen Hund' zittern jetzt alle."
Wie grüßen Wehrmacht und Volkssturm, das letzte Aufgebot des „Dritten Reiches"? – Die Wehrmacht mit Erheben der rechten Hand, der Volkssturm mit Hochheben beider Hände.
1944, wenige Monate vor Kriegsende, feiert der große Orthopäde Adolf Lorenz seinen 90. Geburtstag. Unter den Ehrengästen bei der Feierstunde in der Gesellschaft der Ärzte befindet sich der Bürgermeister von Wien, Ing. Hanns Blaschke. Lorenz hatte darauf bestanden, daß auch sein alter Freund, der ehemalige sozialdemokratische Bürgermeister Karl Seitz, eingeladen werde. Als Seitz und Blaschke einander begegnen, kommt es zu einer Begrüßung von klassischer Schlichtheit. „Guten Abend, Herr Bürgermeister", sagt Blaschke. „Oh, guten Abend, Herr Ingenieur", sagt Seitz.
Im Herbst 1944 fallen die ersten Bomben auf Wien. Nach einem schweren Angriff trifft Leo Slezak seinen alten Freund Hans Moser, mit dem gemeinsam er viele Filme gedreht hat. „Eigentlich dürft' ich mich gar nicht fürchten", spricht sich Slezak selbst Mut zu. „Schließlich war ich schon in Friedenszeiten vertraglich verpflichtet, mindestens zweimal wöchentlich zu sterben." – „Das stimmt, Leo", antwortet Hans Moser nachdenklich. „Aber vergiß nicht, daß damals nach dem Sterben ein erstklassiges, warmes Nachtmahl auf dich gewartet hat."
Man sagt, in Wien sei zu Beginn 1945 nichts los. Ganz im Gegenteil, es ist sogar sehr viel los: Die Betriebe sind herrenlos, die Bürokraten kopflos, Gesuche erfolglos, Paragraphen erbarmungslos, Klagen zwecklos, Strafen fristlos, Verordnungen pausenlos, Formulare endlos, Vorschläge gedankenlos, Steuern uferlos, Kellner lieblos, Gäste markenlos, Kinobesucher hemmungslos, Kritiken sinnlos, Mahlzeiten fettlos, Jungfrauen hoffnungslos, Säuglinge vaterlos, Jugend gottlos, Schuhe bodenlos, Urlaub aussichtslos, das Dasein freudlos und alles zusammen – trostlos!
Welche Betriebe sind Anfang 1945 noch wirklich natio-

nalsozialistisch? – Nur die Theater, denn die stehen geschlossen alle hinter dem Führer.
Was heißt PG (Parteigenosse)? 1945 heißt es: Pech gehabt.
Ja, der Humor hat den Österreichern zweifellos geholfen, die Schrecken und Wirrnisse der ersten Hälfte des nun zu Ende gehenden zwanzigsten Jahrhunderts persönlich irgendwie zu meistern. Ihre Mentalität ließ sie auch die unmittelbare Nachkriegszeit leichter ertragen. Das waren jene Schicksalsjahre, in denen sich die Befreier als Besatzer entpuppten. Amerikaner, Sowjets, Engländer und Franzosen teilten das Land in Besatzungszonen auf. Welche Erinnerungen haben prominente Zeitzeugen an diese Wochen und Monate? Simon Wiesenthal, der nach vierjähriger KZ-Haft sofort nach Kriegsende mit dem Aufbau eines Dokumentationszentrums zur Beweissicherung über die Nazi-Verbrechen begann: „Als ich mich 1945 entschlossen habe – damals glaubte ich in meiner Naivität, daß wir in zwei bis drei Jahren die Gerechtigkeit wieder aufbauen könnten – wollte ich danach zu meinem Beruf als Architekt zurückkehren. Ich hatte mir selber etwas vorgeschrieben, ich habe gesagt, zuerst die Wahrheit. Wenn wir die ganze Wahrheit darlegen, ist unser Verlangen nach Gerechtigkeit fundiert. In diesen Tausenden Fällen, die wir hatten, habe ich niemals jemanden angezeigt, ohne Beweise zu haben. Zeugen habe ich manchmal derart hart angegangen, daß mir die Leute gesagt haben, du sprichst zu mir, als wäre ich der Verbrecher. Ich sagte, so wird der Anwalt des Angeklagten zu dir sprechen. Ich muß mir selber ein Bild machen, weil ich mich dann mit der Anklage identifiziere."

Josef Klaus

Viktor Matejka war 1945 bis 1949 kommunistischer Stadtrat für Kultur und Volksbildung in Wien: „Meine erste politische Tätigkeit innerhalb der kommunistischen Partei bestand darin, einen Brief an das Politbüro zu schreiben, man möge sofort im Politbüro einen Beschluß fassen, einen Brief an Stalin zu schreiben, in dem steht, Stalin solle an die Proletarier aller Länder einen offenen Brief schreiben oder eine Ansprache halten, mit der Aussage, Proletarier aller Länder, wir haben den Faschismus überwunden und nun werft die Waffen weg. Indessen, was beginnt? Die neue Rüstung und zwar die neue Rüstung im Hinblick auf einen dritten Weltkrieg. Der zwar noch immer nicht stattgefunden hat, der aber potentiell vorhanden ist, denn die Rüstung für einen dritten Weltkrieg ist mittlerweile so groß geworden – trotz allen möglichen Abrüstungsgeschwätzes –, daß man nicht einen Weltkrieg, sondern mehrere führen könnte."
Fritz Bock, der spätere Vizekanzler und Handelsminister gehörte 1945 zu den Gründern der ÖVP: „Wir haben uns natürlich auf der Lagerstraße von Dachau und in anderen ähnlichen Ubikationen sofort zusammengefunden und haben uns geschworen: wenn wir diese Zeit überhaupt überleben sollten, werden wir Österreich nicht mehr gegeneinander, sondern miteinander aufbauen. Dazu kommt natürlich die Emotion: zwei Häfenbrüder sind für das Leben Freunde. Aber das ist keine politische Dimension. Nun, 1945 wurde die Provisorische Staatsregierung unter Renner im Auftrag der sowjetischen Besatzungs-

macht eingesetzt. Nach den Wahlen vom November des gleichen Jahres ist die erste Regierung Figl ins Amt berufen worden, Renner wurde damals Bundespräsident; das alles hat den Aufträgen und Wünschen aller vier Besatzungsmächte entsprochen. Auch wenn wir nicht die Grundlage, die Lagerstraße, gehabt hätten, hätten wir trotzdem auf Befehl der Alliierten zusammenarbeiten müssen. Der spezielle Wunsch der Sowjets war ja natürlich, auch die Kommunisten zu beteiligen. Diese Entwicklung in der Zweiten Republik resultierte also aus dem, was wir als ‚Geist der Lagerstraße' bezeichnet haben, und zum anderen aus den damaligen politischen Verhältnissen, gegeben durch die Besatzungsmächte im Lande. Daraus ist diese Zusammenarbeit entstanden."

Otto Schulmeister, der langjährige Chefredakteur und Herausgeber der „Presse", meint: „Ich zitiere Nietzsche: ‚Nur wer sich wandelt, bleibt mir verwandt.' Den Österreicher möchte ich gesehen haben, der in diesem Jahrhundert nicht ein paar Jahrzehnte später gescheiter war denn zuvor. Natürlich, das habe ich immer bekannt, die Reichsidee bestimmte mich und viele meiner Freunde, die oft aus der Jugendbewegung gekommen sind. Selbst ein Josef Klaus. Mit dem Dritten Reich und dieser Menschenschinderstätte hatte das nichts zu tun, nur mit einer europäischen Friedensordnung, der wir wieder einmal zustreben sollen. Wir sind nun einmal Österreicher, unsere Heimat heißt nicht Österland, die universalen Vorstellungen, die das ‚Haus Österreich' ein halbes Jahrtausend regierten, sind uns im Kopf geblieben, das hat uns anfällig gemacht."

Karl Schleinzer

Und Otto Habsburg, der Sohn des letzten Kaisers, appellierte 1945 schriftlich – im Briefkopf war die Kaiserkrone – an den amerikanischen Präsidenten Truman, die Alliierten sollten die „selbstherrlich" ernannte Provisorische Regierung Renner nicht anerkennen: „Ich habe Dr. Renner absolut nicht vertraut. Vergessen wir nicht, er hat zu Hitler Ja gesagt, er hat beim Referendum im Jahr 1938 für Hitler geworben, er hat dann seinen berühmten Brief an Stalin geschrieben, von dem man in Österreich viel zu wenig spricht, aber der jegliches Mißtrauen ihm gegenüber damals berechtigt hat. Daß er sich dann gewandelt und es anders gemacht hat, und daß er vorher, als er noch bezüglich des Föderalismus so glänzende Sachen gesprochen hat, anders war, stimmt auch, aber ich hatte ja damals mit einer ganz anderen Situation zu rechnen. Ein zweiter Punkt war: Es hat mich eine ganze Anzahl österreichischer Politiker – ich werde sie nicht nennen, denn ich habe ihnen versprochen, daß ich es nicht sagen werde – gebeten, diesen Brief zu schreiben, und es waren Leute, die direkt in der Regierung waren. Es ist glücklicherweise nicht so gekommen, wie man es zu fürchten hatte. Vielleicht hat sogar dieser Druck, der dann vom Westen her auf Wien sehr stark geworden ist, einiges dazu geholfen, um denjenigen Kraft zu geben, die sich nicht ganz den Sowjets unterordnen wollten."

Josef Holaubek baute 1945 die Wiener Feuerwehr neu auf und wurde in der Folge Polizeipräsident: „Ich bin am 13. Mai 1945 – das war Pfingstmontag – zurückgekommen, habe mich selbstverständlich bei meiner

Dienststelle gemeldet. Dort traf ich einige tapfere Feuerwehrleute, alte Geräte waren vorhanden, die Feuerwehrzentrale Am Hof zerstört. Ich habe mich dann im Rathaus gemeldet; Stadtrat Afritsch – ein alter, guter Freund aus der sozialdemokratischen Bewegung – hatte die Verantwortung für das Feuerwehrwesen. Wir sind dann zum Bürgermeister Körner, den ich schon vor '34 gut gekannt hatte, und er ersuchte mich, ich möge vorübergehend das Feuerwehrkommando übernehmen. Ich habe sofort mit den Russen Kontakt aufgenommen, die ja vielfach die Feuerwehrgeräte als Beutegut bezeichneten, und es ist mir gelungen, im Laufe der nächsten Monate das Verhältnis zum Stadtkommandanten zu lockern. Die Feuerwehrstationen konnten sich langsam etablieren, nur waren wenige Fahrzeuge vorhanden. Der letzte Gauleiter, Baldur von Schirach, hat ja die Feuerwehrautos mit den Männern nach dem Westen kommandiert, auch aus Ungarn sind Feuerwehrmänner und Polizeileute mit ihren Fahrzeugen nach dem Westen abgerückt. Es war eine meiner ersten Aufgaben, diese Fahrzeuge wieder nach Wien bzw. Niederösterreich zurückzubringen. Nach neuen Verhandlungen hat der russische Stadtkommandant zugestimmt. Ich habe dann auch mit den Amerikanern in Oberösterreich Fühlung aufgenommen, und erst Ende August/Anfang September haben wir schon die ersten Fahrzeuge nach Wien gebracht. Ein Konvoi mit fünfzig, sechzig Feuerwehrautos hat zwei bis drei Tage von Linz nach Wien gebraucht; hier wurden die Fahrzeuge sofort auf die einzelnen Wachen verteilt."

Bruno Kreisky

So also hat die Erfolgsstory der Zweiten Republik vor einem halben Jahrhundert begonnen – in Not und Elend, aber im Vertrauen darauf, daß alle Probleme – wenn sie gemeinsam angegangen würden – lösbar seien.

Ein erschütterndes Dokument ist die Radiorede, die Bundeskanzler Leopold Figl zu Weihnachten 1945 an das österreichische Volk gerichtet hat: „Ich kann euch zu Weihnachten nichts geben. Ich kann euch für den Christbaum, wenn ihr überhaupt einen habt, keine Kerzen geben, kein Stück Brot, keine Kohle zum Heizen, kein Glas zum Einschneiden. Wir haben nichts. Ich kann euch nur bitten, glaubt an dieses Österreich!"

Knapp zehn Jahre später, am 15. Mai 1955, unterzeichnete Figl – er war damals Außenminister – mit seinen Amtskollegen aus den USA, Großbritannien, Frankreich und der Sowjetunion im Wiener Schloß Belvedere den österreichischen Staatsvertrag, der dem Land die Souveränität zurückgeben sollte. Leopold Figls Worte anläßlich der Vertragsunterzeichnung beweisen, daß der 1945 beschworene Glaube an Österreich Früchte getragen hat: „Österreich wird nunmehr als freier und souveräner Staat seinen Platz in der großen Familie der Völker einnehmen und in aktiver Mitarbeit in den weltumfassenden internationalen Organisationen alles daransetzen, um seinen Beitrag für die internationale Verständigung und den Frieden zu leisten ... Mit dem Dank an den Allmächtigen haben wir den Vertrag unterzeichnet, und mit Freude künden wir heute: Österreich ist frei!"

Das erste Nachkriegsjahrzehnt ist von Leopold Figl, diesem Mann aus dem Bauernstand, wie von keinem anderen österreichischen Politiker geprägt worden. Mehr Miteinander statt des Gegeneinanders in der Zwischenkriegszeit – das war die Maxime dieser Zeit.

Als „Staatsvertragskanzler" in die Geschichte eingegangen ist freilich Julius Raab, der einstige niederösterreichische Heimwehrführer. In einer Rundfunkrede zum Abschluß des Staatsvertrages, mit dem die Entspannungspolitik im Nachkriegseuropa einen ersten Kulminationspunkt erlebte, bemerkte er: „Wenn wir als freies Volk scheitern, dann scheitern wir am eigenen Unvermögen. Besteht diese Gefahr denn wirklich? Die Haltung des österreichischen Volkes während der letzten zehn Jahre hat die Bewunderung der ganzen Welt hervorgerufen, die wirtschaftliche Wiederaufbauleistung das allgemeine Erstaunen. Warum sollen wir das alles von heute auf morgen vergessen und verlieren? Wir brauchen nur unserer eigenen Kraft und unserem eigenen Verstand vertrauen, und es wird auch weiter aufwärtsgehen, viel weiter, als manche es sich heute auszumalen wagen. Es werden sicherlich eine ganze Reihe neuer Probleme in der nächsten Zeit an uns herantreten. Wir brauchen sie gar nicht anders anzupacken, als wir es bisher gewohnt waren. Mit frischem Mut, mit Überlegung und Fleiß kommen wir über alle Schwierigkeiten hinweg."

Fred Sinowatz

Er sollte historisch recht behalten, dieser Julius Raab, der noch ein Politiker von Schrot und Korn war, der den Journalisten mit einer natürlichen Mischung aus Distanz und Skepsis begegnete. Jahrzehnte später entsprach der „Journalistenkanzler" Bruno Kreisky dem neuen Zeitgeist und benützte die Medien, vor allem aber das von seinem großen Vorgänger so unterschätzte Fernsehen, gekonnt zur Popularisierung seiner Politik. Das Bleibende aus der Ära Raab jedoch ist das Entstehen eines neuen und selbstbewußten österreichischen Patriotismus.

Nach dem Intermezzo der Kanzlerschaft des gemütlichen ÖVP-Politikers Alfons Gorbach war es dann 1966 an Josef Klaus, dem gebürtigen Kärntner und späteren Salzburger Landeshauptmann, als Bundeskanzler der ersten Alleinregierung der Zweiten Republik – es war eine der Volkspartei – zu zeigen, daß die Aufarbeitung der tragischen Ereignisse der Ersten Republik erfolgreich abgeschlossen war. Die große Koalition wurde beendet – und siehe da: Die rote Opposition ging nicht auf die Straße, und die Gewerkschaften veranstalteten keine politischen Streiks. Klaus im Rückblick über den damaligen ÖVP-Wahlerfolg: „Das Eigenständige war, kurz und bündig gesagt, daß wir den Wählern nur einen Satz immer wieder gesagt haben: ‚Gebt uns einmal die Mehrheit. Wir werden die Macht nicht mißbrauchen, sondern wir werden Österreich auf dem demokratischen Wege weiterführen.' Das hat bei vielen sehr positiv gewirkt."

In den Jahren der ÖVP-Alleinregierung wurde tatsächlich unter Beweis gestellt, daß Österreich einen westlich-demokratischen Standard erreicht hatte: Das Wechselspiel zwischen einer Großpartei in der Regierung und einer anderen Großpartei in Opposition wurde eingeleitet.

Besser als Josef Klaus allerdings verstand sich der liberale

Sozialdemokrat Bruno Kreisky, der Langzeitkanzler von 1970 bis 1983, auf die politische Machterhaltung. Er nahm den „Bürgern" die Angst vor den „Sozis". Kreisky selbst meinte einmal zu ideologischen Fragen und zum Ergebnis seiner Regierungspolitik: „Ich bin nach wie vor davon überzeugt, daß wir eine Politik gemacht haben, die goldrichtig war und in steigendem Maße jetzt auch die Anerkennung der Ökonomen findet. Diese Monetaristen und wie sie alle heißen, haben sich ja als wenig erfolgreich erwiesen, und man kehrt jetzt immer mehr zum Neokeynesianismus zurück, zu den Erkenntnissen der siebziger und frühen achtziger Jahre. Das ist ein Ergebnis der Entwicklung. Schauen Sie sich doch an, wie und wo hat der Reaganismus geendet? In einem ungeheuren Wachstum der Armut."

Alois Mock

Von der vielzitierten Ära Kreisky blieb eine Öffnung der Gesellschaft durch liberale Reformen, von der Universitätsorganisation bis zum Strafrecht und der Gewerbeordnung. Österreich betrieb eine aktive Neutralitätspolitik und wurde zum internationalen Begegnungsplatz, wovon auch der Bau der Wiener UNO-City zeugt. Mit dem historischen Händedruck zwischen dem ersten sozialistischen Bundeskanzler, Bruno Kreisky, und dem Sohn des letzten Kaisers, Otto Habsburg, wurde der „Habsburg-Kannibalismus" der Linken endgültig zu Grabe getragen. Und auch das Verhältnis zwischen Arbeiterbewegung und römisch-katholischer Kirche normalisierte sich, wozu der große Kardinal Franz König viel beigetragen hat.

Fred Sinowatz, der Sohn eines Schlossers und einstige burgenländische Lokalpolitiker, hatte es mit seiner sozialliberalen Koalition nach dem Weltbürger Kreisky natürlich schwer. Seine eigene Bewertung seiner Kanzlerschaft: „Es gibt Phasen in der Politik, da sind Menschen notwendig, die sehr rasch und mit großem Nachdruck handeln; und es gibt Phasen, in denen man aufpassen muß, Zeiten des Übergangs, in denen man unter Umständen nachdenken muß. Die siebziger Jahre mit den Möglichkeiten, in einer reformfreundlichen Zeit zu agieren, mit Budgets, die belastet werden konnten, mit einer Anschlußpolitik an die 68er Zeit: Das war vorbei, und das, was sich jetzt allmählich entwickelt, war noch nicht da. Und daher braucht so eine Zeit offensichtlich auch andere Politiker."

Was ist also übrig von den drei Jahren der sozial-liberalen Koalition unter Sinowatz? Jedenfalls der Beweis, daß Österreich nach großer Koalition und Alleinregierungen auch von einer kleinen Koalition regiert werden kann. Und die Aufwertung der Freiheitlichen, die zum erstenmal seit ihrer Parteigründung in einer Bundesregierung vertreten waren – ein Umstand, der freilich vor allem der Langzeitstrategie Kreiskys entsprang.

Franz Vranitzky, der erste Banker an der Spitze von SPÖ und Bundesregierung, ist seit 1986 im Amt. Es ist zu früh, ein Resümee zu ziehen. Aber er hat es jedenfalls verstanden, Österreich an der Spitze einer großen Koalition neuen Stils nach Europa, in die EU zu führen. Und so wird er wohl als „Europa-Kanzler" in die Geschichte eingehen.

Aber dieses Österreich, das sich anschickt, seinen 1000. Geburtstag zu feiern, ist natürlich mehr als ein staatliches

Produkt politischer Prozesse. Anton Wildgans, damals 48 Jahre alt, Dichter und zeitweise Direktor des Wiener Burgtheaters, schrieb im Herbst 1929 in seiner „Rede über Österreich": „Eben dieses Wien, die Kaiserstadt an der Donau, war zu einer Zeit, da Deutschland sich noch lange nicht seiner gewaltigen Volkseinheit bewußt war, die erste eigentliche Großstadt auf deutschem Boden, ja mehr als dies: neben London, Paris und Rom die deutsche Weltstadt katexochen in Europa. Und in ihr, aber auch sonst in Österreich, unter den Ausstrahlungen ihres politischen und kulturellen Lebens, bildete sich im Laufe der Jahrhunderte ein Typus heraus, den ich am liebsten bezeichnen möchte als den österreichischen Menschen... Ich wage dieses Bekenntnis zum österreichischen Menschen, obwohl ich dadurch mit einer Tradition breche, an welcher der Österreicher bisher, besonders wenn er ins Ausland ging, sehr zu seinem Nachteile festzuhalten pflegte. Jetzt aber, da wir, wieder einmal von vorne beginnend, eine Erbschaft an Kultur übernommen haben, wie sie bedeutsamer nicht sein kann, jetzt aber, da wir im Begriffe sind, dieses kostbare Inventar in unser neues, wenn auch kleineres Haus einzubauen und es zu verwalten, nicht als engherzige Eigentümer, sondern gleichsam als Treuhänder der gesamten kultivierten Menschheit, in diesem wichtigen und hoffnungsvollen Augenblick ist es an der Zeit, der Unart falscher Bescheidenheit und allzu unbedenklicher Selbstpreisgabe zu entsagen und uns allmählich ein anderes herauszubilden, nämlich das historische Bewußtsein und den Stolz des Österreichers! ... Der österreichische Mensch ist seiner Sprache und ursprünglichen Abstammung nach Deutscher und hat als solcher der deutschen Kultur und Volkheit auf allen Gebieten menschlichen Wirkens und Schaffens immer wieder die wertvollsten Dienste geleistet; aber sein Deutschtum, so überzeugt und treu er auch daran festhält, ist durch die Mischung vieler Blute in ihm und durch die geschichtliche Erfahrung weniger eindeutig und spröde, dafür aber umso konzilianter, weltmännischer und europäischer ..."

Erhard Busek

So gedachte Wildgans des zehnten Geburtstages der Ersten Republik. Wir wissen, wohin die intellektuelle Deutschtümelei der zwanziger Jahre führen sollte – in den Anschluß Österreichs an Hitler-Deutschland und in die Katastrophe des Zweiten Weltkriegs. Wildgans hatte gewiß nichts dergleichen im Sinn, als er seine „Rede über Österreich" schrieb.

Das Österreich der Zweiten Republik ist ein anderes. Oft wurden und werden die gesellschaftlichen Zustände unserer Zeit scharf gegeißelt – mit Worten à la Thomas Bernhard und mit Zeichnungen, die mehr als Karikaturen sind, man denke etwa an Manfred Deix. Diese oft kraß überzeichnete selbstkritische Reflexion von Österreichern über Österreich – das braucht dieses Land, so wie es einst die kluge Häme des Karl Kraus gebraucht hat. Wir Österreicher tun uns schwer, uns selbst zu ertragen. Und doch: bei all der berechtigten und unberechtigten Kritik – die Bürger dieses Landes haben zum fünfzigsten Geburtstag der Zweiten Republik viel Grund für Stolz und Selbstbewußtsein.

Die folgenden Seiten sind so etwas wie eine auf der Höhe

unserer Zeit und im Lichte der Erfahrungen des letzten halben Jahrhunderts verfaßte „Rede über Österreich". Diese Art von „Rede" ist ein Puzzle aus Photographien, Karikaturen und Texten. Das Bild, das dieses Puzzle ergibt, ist ein gelegentlich schonungsloses Spiegelbild der gesellschaftlichen Entwicklungen. In ihm erkennen wir Hoffnungen, Ängste und vor allem eine Riesenportion jenes Glücks, das unserer Heimat widerfahren ist.

Franz Vranitzky

Die Nachkriegsjahre (1945–49)

Nach dem Zusammenbruch des Hitler-Regimes war auch in Österreich „Entnazifizierung" angesagt. Nicht nur Gebäude und Plätze, sondern auch die Menschen wurden entnazifiziert. Diese Entnazifizierung brachte für viele „Ehemalige" Berufsverbot mit sich. Ein Mann schaute kurz nach dem Krieg einem Straßenkehrer auf dem Stephansplatz zu, der sich äußerst ungeschickt anstellte. Nachdem er ihm einige gute Ratschläge erteilt hatte, meinte der Straßenkehrer: „Wissen Sie, ich bin ja eigentlich Universitätsprofessor, aber ich war ein Nazi. Aber wenn Sie's so gut können, warum kehren Sie nicht selber?" „Geht nicht", meinte der andere, „ich war auch ein Nazi."

Die Grundlage der Entnazifizierung bildete eine Unmenge von Fragebögen („Questionnaires"), welche die Bürger peinlich genau auszufüllen hatten und die den Alliierten die notwendigen Informationen geben sollten. Während es jedoch den meisten Schwerbelasteten gelungen war, sich rechtzeitig abzusetzen, blieben viele harmlose Mitläufer oder oft gar Unschuldige im Netz hängen, so daß bald der Witz von einem im Anhaltelager Glasenbach inhaftierten Holzarbeiter die Runde machte, der dem amerikanischen Beamten dadurch aufgefallen war, daß der von ihm angegebene Beruf „Kreissägemeister" ähnlich wie „Kreisleiter" klang ...

Dr. Felix Hurdes war der erste Unterrichtsminister der Nachkriegszeit. In seinem Bestreben, die letzten Überreste nationalsozialistischer Gesinnung auszumerzen und wieder ein Österreich-Bewußtsein herzustellen, ging er sogar so weit, in den Lehrplänen und Schulzeugnissen die Bezeichnung „Deutsch" durch den Begriff „Unterrichtssprache" zu ersetzen. Einer seiner Beamten nahm Anstoß an dem Wort und schlug statt „Unterrichtssprache" den Ausdruck „Hurdestanisch" vor.

Karl Skraup, ein populärer Wiener Komiker, prägte den zynischen Ausspruch: „Die verläßlichen Österreicher – das sind die ärgsten!"

Oft ist der Unterschied zwischen Deutschen und Österreichern – mehr oder minder wortreich – definiert worden. Auf eine prägnante Formel brachte es der britische Staatsminister Hynd, der nach dem Krieg im Londoner Labour-Kabinett für Deutschland und Österreich zuständig war. Anläßlich des Besuchs einer österreichischen Journalistendelegation zitierte er jene inzwischen berühmt gewordenen Worte, die angeblich ein deutscher und ein österreichischer Divisionskommandeur ihren jeweiligen Armeekommandanten erstatteten. Der Deutsche meldete: „Die Lage ist ernst, aber nicht hoffnungslos!" Der Österreicher: „Die Lage ist hoffnungslos, aber nicht ernst!"

Ernst Fischer, Mitglied der Provisorischen Staatsregierung als Staatssekretär für Unterricht, trug sich gleich in den ersten Tagen seiner Amtstätigkeit mit Reformplänen für sein Ressort. So sollte unter anderem die Bundestheaterverwaltung abgeschafft werden. Als der legendäre Burgtheaterschauspieler Raoul Aslan davon erfuhr, rief er entsetzt aus: „Ja, wer soll uns denn da die Vorschüsse bewilligen?"

Während die USA und die UNO-Hilfsorganisation UNRRA mit großen Interimshilfeabkommen und dem Marshallplan die Not im Lande lindern halfen, stellten die Sowjets große wirtschaftliche Forderungen. Dies führte zur verbitterten und oft gehörten Feststellung: „Rußland melkt die Kuh, die Amerika füttert."

Das Kulturleben kam nach dem Krieg relativ schnell wieder in Gang. Noch tobten an vielen Stellen Österreichs erbitterte Kämpfe, da spielten bereits wieder die Wiener Philharmoniker – unter der Leitung von Clemens Krauss – im Konzerthaus. Während des Konzerts fiel der Strom aus, die Musiker spielten ungerührt weiter. Fragte ein Philharmoniker den anderen: „Glaubst, hat der Krauss im Finstern weiterdirigiert?"

Während der Besatzungszeit hatte Bundeskanzler Figl nicht nur in den Hauptstädten der Besatzungsmächte schwierige Verhandlungen zu führen, sondern auch Sympathiewerbung für sein Land zu betreiben. Bei einer solchen Gelegenheit fragte ihn der britische Außenminister Morrison in London, warum er denn die wunderbare Wiener Oper nicht mitgebracht habe. Figl meinte trocken: „Ja, wenn i die Staatsoper mitbracht hätt', möcht jeder glauben, die Österreicher san so reich, die können die Besatzungskosten selber zahl'n!"

Auch Friedrich Torberg und Hans Weigel, die beiden Wiener Kritikerdioskuren, waren aus der Emigration zurückgekehrt. Nach jahrelanger Abwesenheit traf Torberg Weigel und fragte ihn, welche Kaffeehäuser es in Wien denn gäbe, in denen man die Nacht verbringen könne. Weigel schlug das Hawelka vor. „Was", meinte Torberg entsetzt, „das Hawelka? Das hat doch nur bis zwei Uhr früh offen!"

Auch Alfred Polgar kam heim nach Wien, wo man die Emigranten nicht immer mit offenen Armen empfing. Nach seinem 75. Geburtstag im Jahre 1948 versandte er Antwortschreiben auf Glückwünsche, die folgendermaßen begannen: „Durchaus imstande, jedem einzelnen zu danken, von dem ich aus Anlaß meines Geburtstages Zeichen der Sympathie empfing ..."

Von Polgar stammt übrigens auch die treffendste Definition des Lebens im Exil: „Ein Emigrant", sagte er, „ist ein Mensch, der zwei Fremden hat und keine Heimat."

Der aus dem Exil nach Wien zurückgekehrte Sozialdemokrat Dr. Oscar Pollak wurde zum Chefredakteur des Parteiorgans „Arbeiter-Zeitung" bestellt. Er hatte oft Mühe, die ideologische Linie des Blattes mit den Erfordernissen der modernen Konsumgesellschaft zu vereinbaren. In die österreichische Zeitungsgeschichte eingegangen ist seine Aufforderung an die Leser, die Alkoholreklame im Anzeigenteil der Zeitung nicht zu beachten ...

Als der weltbekannte Film „Der dritte Mann" anlief, sorgten sich manche offizielle Stellen um das Image Österreichs im Ausland und fürchteten um den langsam beginnenden Fremdenverkehr. Bei der Bevölkerung wurde der Streifen aber so populär, daß sich die KPÖ-Propaganda in ihrer Plakatwerbung an seinen Titel „anhängte": Hinter Karikaturen von Figl und Schärf erblickte man als „dritten Mann" die schemenhaft-verdächtige Figur des VdU, des „Verbandes der Unabhängigen", so insinuierend, daß die beiden mit jener Partei, der man nachsagte, sie sei ein Auffanglager für alte Nazi, unter einer Decke stecken würde.

DAS ZERSTÖRTE NATIONALSYMBOL

Österreich wird zwischen Ende März und 8. Mai 1945, dem Tag der bedingungslosen Kapitulation der deutschen Wehrmacht, durch die Alliierten Streitkräfte befreit; Wien zwischen 5. und 13. April durch sowjetische Truppen.
Vor der Kulisse des ausgebrannten Doms zieht ein russischer Troß mit einer Viehherde über den Stephansplatz.

WIENS MUSENTEMPEL NACH DEM INFERNO

Die Staatsoper brennt. Nach einem Fliegerangriff am 12. März 1945 steht der Prunkbau am Ring in hellen Flammen (oben).
Nach dem Brand bieten Zuschauerraum und Bühne ein Bild der Verwüstung.
Fast 47.000 Gebäude, darunter ein Flügel des Belvedere, die Albertina, das Burgtheater und das Kunsthistorische Museum (insgesamt 28 % des Baubestandes) wurden durch Kriegseinwirkungen in Wien zerstört oder schwer beschädigt.
In den anderen größeren Städten und Industriegebieten Österreichs war die Situation nicht anders.

DER WIEDERAUFBAU BEGINNT

Während man im linken Bild vom Boden des Kirchenschiffs aus noch direkt auf den Turm des Stephansdoms blicken kann, zeigt das Bild oben aus dem Jahr 1946 die Montage des ersten „Binders" für den neuen Dachstuhl, zu dem ganz Österreich durch eine „Dachziegel-Spendenaktion" beigetragen hat.
Langhaus und Chor werden 1952 fertiggestellt, der Südturm wird 1954–1965 restauriert. Feierlich wiedereröffnet aber wird der Stephansdom schon am 19. Dezember 1948.

ÖSTERREICH HAT WIEDER EINE REGIERUNG

Am 27. April wird mit russicher Unterstützung die Wiederherstellung der demokratischen Republik Österreich proklamiert. Staatskanzler Renner – er war schon von 1918–1920 Kanzler – zeigt sich mit Vertretern der russischen Besatzung vor dem Parlament (gegenüberliegende Seite).

Erster Ministerrat der Provisorischen Staatsregierung im April 1945 (unten). V.l.n.r.: Unterstaatssekretär Ernst Fischer (KPÖ), Unterstaatssekretär Julius Raab (ÖVP), Handelsminister Eduard Heinl (ÖVP), Staatssekretär Johann Koplenig (KPÖ), Staatssekretär Adolf Schärf (SPÖ), Staatskanzler Karl Renner (SPÖ), Staatssekretär Leopold Figl (ÖVP) und Finanzminister Georg Zimmermann (parteilos).

DER SCHUTT DER GESCHICHTE

Ganz Österreich steht – nicht nur im übertragenen Sinn – vor einem Schutthaufen. Die ziffernmäßigen Angaben zu den Schuttmengen allein für Wien sprechen von etwa fünf Millionen Kubikmetern Mauerschutt, davon 300 Millionen Stück Ziegel. Dennoch beginnt die Bevölkerung hoffnungsvoll mit dem Wiederaufbau.

GETEILTES ÖSTERREICH

Die Alliierten teilen Österreich in vier Besatzungszonen: Vorarlberg und Tirol werden französisch, Osttirol, Kärnten und Steiermark englisch, Salzburg sowie Oberösterreich südlich der Donau amerikanisch, Oberösterreich nördlich der Donau, Niederösterreich und das Burgenland russisch. Auch Wien wird in vier Zonen geteilt: Der 7., 8., 9., 17., 18. und 19. Bezirk werden amerikanisch, der 3., 5., 11., 12. und 13. englisch, der 6., 14., 15., und 16. französisch und der 2., 4., 10., 20. und 21. russisch. Der 1. Bezirk ist gemeinsam verwaltetes Gebiet mit monatlich wechselndem Vorsitz. An der Enns-Brücke (oben) und am Semmering bekommt im Kalten Krieg so mancher Passant aus den westlichen und südlichen Bundesländern die fallweise Willkür der Sowjets zu spüren. Besonders unangenehm ist die Zonenteilung auch für die Bevölkerung von Linz (gegenüberliegende Seite), die bis 8. Juni 1953 beim Passieren des Urfahrer Brückenkopfes die Identitätskarte vorzuweisen hat.

DIE ERSTEN ZEITUNGEN ERSCHEINEN

Im April 1945 verteilen Rotarmisten vor dem Parlament die „Österreichische Zeitung", das Organ der russischen Besatzungsmacht (gegenüberliegende Seite).
Am 26. August 1945 erscheint zum ersten Mal der von den Amerikanern herausgegebene „Wiener Kurier".
Das Bild unten zeigt einen Auslieferungswagen mit US-Kennzeichen vor dem Verlagshaus in der Wiener Seidengasse.

DIE NOT DER NACHKRIEGSKINDER

Am 17. Dezember 1947 reist der 48. Kindertransport mit dem 10.000. Wiener Kind in die Schweiz (oben), die sich ab dem schweren Winter 1945/46 bereit erklärt hatte, unterernährte Kinder für einen Zeitraum von drei bis sechs Monaten bei Gastfamilien aufzunehmen.

NICHT ALLE WEHRMACHTSANGEHÖRIGEN KEHREN HEIM

Am 12. September 1947 trifft aus der Sowjetunion der erste große Heimkehrertransport in Wiener Neustadt ein. Szenen wie im Bild oben wiederholen sich künftig immer wieder: Eine enttäuschte Frau zeigt einem Heimgekehrten das Bild des wieder einmal vergeblich Erwarteten, um vielleicht über seinen Verbleib etwas zu erfahren. Bis zum letzten Heimkehrertransport am 15. Oktober 1953 (gegenüberliegende Seite) konnten die Angehörigen hoffen.

ÜBERLEBEN IN DER NACHKRIEGSZEIT

Auch nach dem Krieg muß das Leben weitergehen. Viele Österreicher sind kriegsversehrt und haben kein Zuhause. Den meisten fehlt das Notwendigste, man bückt sich nach jedem weggeworfenen Zigarettenstummel.

MAN TRÄGT WIEDER KULTUR

Die Wiedergeburt der Salzburger Festspiele findet bereits im Sommer 1946 statt. Helene Thimig, die Witwe Max Reinhardts (im Bild oben mit ihren Brüdern Hermann und Hugo) kehrt 1946 aus der Emigration zurück und leitet schon im selben Jahr, ganz im Sinne ihres verstorbenen Mannes, die Aufführungen des „Jedermann". 1947 wird mit Gusti Wolf und Oskar Werner (gegenüberliegende Seite) Alexander Lernet-Holenias Komödie „Die Frau des Potiphar" bei den Salzburger Festspielen uraufgeführt.

SCHWARZMARKT UND WIRTSCHAFTSHILFE

Mit dem Eintreffen der westlichen Alliierten kann im September 1945 die tägliche Kalorienmenge von 800 auf 1.500 erhöht werden. Dies sagt alles über die Ernährungssituation nach dem Krieg. Kein Wunder, daß der Schwarzmarkt blüht und die Stadtbevölkerung versucht, durch Hamstern auf dem Land die ärgste Not abzuwenden. Die Schwarzmarktpreise erreichen 1946 das Achtzigfache der offiziellen Preise, 1948 immer noch das Dreifache.

Auch Besatzungssoldaten beteiligen sich am illegalen Handel. Im Bild oben begegnen einander ein russischer und ein englischer Soldat; der Russe probiert vor der zuschauenden Menge eine englische Zigarette.

Das Marshallplan-Abkommen zwischen Österreich und den USA, das den Wiederaufbau vor allem auf den Gebieten Elektrizitätswirtschaft und Schwerindustrie wesentlich erleichtern sollte, wird am 2. Juli 1948 in Wien unterzeichnet.

Das Bild auf der gegenüberliegenden Seite zeigt den ERP-Informationsstand auf der Grazer Messe 1949.

MARSHALLPLA
EUROPÄISCHES
WIEDERAUFBAU-
PROGRAMM

DIE POLITIKERGENERATION DES WIEDERAUFBAUS

Nach der Nationalratswahl vom 9. Oktober 1949 stellt Leopold Figl am 8. November sein zweites Kabinett vor. Sitzend (v.l.n.r.): Innenminister Oskar Helmer (SPÖ), Vizekanzler Adolf Schärf (SPÖ), Bundeskanzler Leopold Figl (ÖVP), Finanzminister Eugen Margarétha (ÖVP), Außenminister Karl Gruber (ÖVP). Stehend (v.l.n.r.): Staatssekretär Vinzenz Übeleis (SPÖ), Verkehrsminister Karl Waldbrunner (SPÖ), Unterrichtsminister Felix Hurdes (ÖVP), Justizminister Otto Tschadek (SPÖ), Sozialminister Karl Maisel (SPÖ), Staatssekretär Ferdinand Graf (ÖVP) und Landwirtschaftsminister Josef Kraus (ÖVP).

Chronik 1945–1949

1945

7. 4. Die „Provisorische österreichische Staatsregierung" wird von den Russen anerkannt. Vor dem Parlament in Wien proklamiert sie die „Wiederherstellung der Republik Österreich", die auch die Unabhängigkeitserklärung enthält. Die Provisorische Staatsregierung bleibt bis 20. Dezember 1945 im Amt und setzt sich aus der „Staatskanzlei" und „Staatsämtern" zusammen, die von Staatssekretären geführt werden und fast ausnahmslos Unterstaatssekretäre erhalten, die jeweils der anderen politischen Partei angehören.
Staatskanzler: Karl Renner (SPÖ) mit den Staatssekretären ohne Portefeuille Adolf Schärf (SPÖ), Leopold Figl (ÖVP) und Johann Koplenig (KPÖ) sowie drei Unterstaatssekretären.
Festkonzert der Wiener Philharmoniker unter Clemens Krauss im Wiener Konzerthaus.
23. 4. Die erste Nummer der Tageszeitung „Neues Österreich" erscheint.
30. 4. Truppen der 3. amerikanischen Armee überschreiten bei Oberkappl und Kollerschlag (beide Oberösterreich) die österreichische Grenze und dringen in Oberösterreich vor.
Das Wiener Burgtheater beginnt im „Ausweichquartier", dem Ronacher auf der Seilerstätte, den Spielbetrieb mit Grillparzers „Sappho".
1. 5. Amerikanische Truppen rücken in Braunau am Inn (Oberösterreich) ein.
8. 5. Auf der Ennsbrücke bei Enns treffen der Kommandierende General des 20. Korps der amerikanischen 3. Armee, Generalleutnant W. H. Walker, und Generalleutnant Brinkow von der sowjetischen 4. Gardearmee zusammen.
Die Provisorische Staatsregierung erläßt das Gesetz über das Verbot der NSDAP.
11. 6. Die Nummer 1 der „Oberösterreichischen Nachrichten" erscheint in Linz – eine von der amerikanischen Besatzungsmacht herausgegebene Tageszeitung.
9. 7. Die Besatzungsmächte legen die Besatzungszonen fest.
12. 8. Eröffnung der ersten Salzburger Festspiele nach dem Krieg im Salzburger Festspielhaus.
5. 7. Die Oesterreichische Nationalbank konstituiert sich.
26. 8. Der „Wiener Kurier", die Tageszeitung der amerikanischen Besatzungsmacht, erscheint zum erstenmal.
Franz Werfel, Schriftsteller, stirbt in Beverly Hills/USA (geboren 11. 9. 1890 in Prag).
29. 8. Das Burgenland wird wieder ein selbständiges Bundesland.
11. 9. In der Proklamation des Alliierten Rates werden ÖVP, SPÖ und KPÖ anerkannt.
15. 9. Anton von Webern, Komponist, wird in Mittersill/Salzburg versehentlich von einem amerikanischen Soldaten erschossen (geboren 3. 12. 1883 in Wien).
26. 9. Richard Beer-Hofmann, Schriftsteller, stirbt in New York (geboren 11. 7. 1886 in Wien).
Oktober. Die Vorlesungen an den österreichischen Hochschulen werden wieder aufgenommen.
8. 10. Die Identitätskarte, in vier Sprachen, wird für alle Österreicher eingeführt.
Felix Salten (eigentl. Siegmund Salzmann) stirbt in Zürich (geboren 6. 9. 1869 in Budapest).
9./10. 10. Zweite „Länderkonferenz" in Wien. Debatte über das Wahlrecht der „registrierten Nationalsozialisten". Die ÖVP tritt für die „unfreiwillig beigetretenen Mitglieder" ein. Einigung, daß alle Mitglieder der NSDAP, SS und SA nicht wahlberechtigt sind.
26. 10. Heinrich Gleißner wird Landeshauptmann von Oberösterreich (bis 2. 5. 1971).
25. 11. Erste Nationalratswahl in der Zweiten Republik. ÖVP: 49,8 %; SPÖ: 44,6%; KPÖ: 5,41%.
11. 12. Ulrich Ilg wird Landeshauptmann von Vorarlberg (bis 29. 10. 1959).

Die Reichsmark hat ausgedient: Der Schilling wird ab Dezember '45 wieder offizielles Zahlungsmittel.

18. 12. Der Alliierte Rat genehmigt die von Leopold Figl auf Grund des Wahlergebnisses gebildete österreichische Bundesregierung:
Bundeskanzler: Leopold Figl (ÖVP), Vizekanzler: Adolf Schärf (SPÖ), Inneres: Oskar Helmer (SPÖ), Äußeres: Karl Gruber (ÖVP), Unterricht: Felix Hurdes (ÖVP), Justiz: Josef Gerö (parteilos), Finanzen: Georg Zimmermann (parteilos).
13.–20. 12. Erste Währungsreform in Österreich. Der Schilling wird wieder gesetzliches Zahlungsmittel.
20. 12. Die österreichische Nationalversammlung, das sind der National- und der Bundesrat, wählt einstimmig Dr. Karl Renner (SPÖ) zum Bundespräsidenten.

1946

2. 1. Die Wiener Eisrevue zeigt ihr erstes Programm auf dem Platz des Wiener Eislaufvereins.
4. 1. Lorenz Karall wird Landeshauptmann von Burgenland (bis 22. 6. 1956).
6. 1. General Mark Wayne Clark, der amerikanische Hochkommissar, übergibt Bundeskanzler Figl die in der Nähe von Nürnberg aufgefundenen Reichskleinodien.
23. 1. Die diplomatischen Beziehungen zur Sowjetunion werden aufgenommen.
26. 1. „Die Presse", herausgegeben von dem Historiker und Journalisten Ernst Molden, erscheint zum ersten Mal, zuerst als Wochenblatt, ab 1948 täglich.
25. 4. – 16. 5. Auf der Außenministerkonferenz der vier Großmächte in Paris unternimmt Österreich mehrere vergebliche Vorstöße wegen der Rückgabe Südtirols.

6. Jänner 1946: Leopold Figl, Karl Renner und General Mark Wayne Clark (v.l.n.r.) vor den Reichskleinodien

10. 5. Der Alliierte Rat setzt die Besatzungskosten auf 35% des Staatshaushalts fest.
1. 6. Leo Slezak, Opernsänger und Filmkomiker, stirbt in Rottach-Egern am Tegernsee (geboren 18. 8. 1873 in Mährisch-Schönberg).
10. 7. Außerordentliche Sitzung des Nationalrates wegen der Frage des „deutschen Eigentums". Ablehnung der russischen Ansprüche unter Hinweis auf die Londoner Erklärung vom 5. Jänner 1943 mit den Stimmen der ÖVP und der SPÖ. In einem Brief des amerikanischen Oberbefehlhabers General Mark Clark an Bundeskanzler Figl wird der amerikanische Verzicht auf das „deutsche Eigentum" in Österreich angekündigt. Auch Großbritannien und Frankreich erklären kurz darauf, diese Frage bald für Österreich günstig zu entscheiden.
23. 8. Der erste österreichische Nachkriegsfilm, „Schicksal in Ketten", wird in der Wiener Scala uraufgeführt.

Außenminister Karl Gruber (rechts) und Alcide De Gasperi

5. 9. Außenminister Karl Gruber schließt mit dem italienischen Ministerpräsidenten De Gasperi auf der Pariser Außenministerkonferenz ein Abkommen über Südtirol – das oft zitierte „Gruber-De-Gasperi-Abkommen". Das Abkommen garantiert den deutschsprachigen Südtirolern Gleichberechtigung mit den Italienern und ihren nationalen Bestand im Rahmen einer gewissen Autonomie. Am 21. September erhält das Abkommen mit 13 gegen 6 Stimmen die Zustimmung der Pariser Konferenz.
6. 10. Die Alliierten heben die Inlandspost-Zensur auf.
3. 12. Die Besatzungskosten werden auf 15% des Staatshaushalts gesenkt.

1947

Jänner. Extreme Kälte. Wegen Kohle- und Strommangels werden Theater, Kinos und Schulen kurzfristig geschlossen, die Industrieproduktion steht weitgehend still. Typhusepidemie in Wien.
14. 1. – 25. 2. Auf der Konferenz der stellvertretenden Außenminister in London finden die allerersten Verhandlungen über den österreichischen Staatsvertrag statt.
22. – 30. 3. Die erste Wiener Messe nach dem Krieg wird von 700.000 Menschen besucht.
26. 3. Der Nationalrat beschließt die Verstaatlichung der Elektrizitätswirtschaft.
28. 3. Radio Wien sendet zum ersten Mal die neue Bundeshymne. Die Melodie stammt von Mozart, der Text von Paula von Preradović.
25. 5. Das Riesenrad im Wiener Prater nimmt nach seiner Renovierung mit der Hälfte der Waggonanzahl wieder den Betrieb auf.
6. 6. Wiederbegründung des österreichischen PEN-Zentrums. Erster Präsident ist Franz Theodor Csokor.
22. 6. Die erste Nummer der „Wiener Tageszeitung" erscheint.
6. 8. Erste Opernaufführung bei den Salzburger Festspielen mit Gottfried von Einems „Dantons Tod".
12. 9. Der erste Heimkehrertransport aus Rußland trifft in Wiener Neustadt (Niederösterreich) ein.
November. Österreich wird einstimmig in die UNESCO, die Organisation der Vereinten Nationen für Erziehung, Wissenschaft und Kultur, aufgenommen.
10. 11. Normalverbraucher erhalten 1.700 Kalorien pro Tag.
22. 11. Burgschauspieler Otto Hartmann – er hatte die österreichische Widerstandsbewegung verraten – wird vom Volksgerichtshof in Wien zu lebenslänglichem schwerem Kerker verurteilt.
10. 12. Das Währungsschutzgesetz tritt in Kraft. Der Schilling ist nur mehr 30 Groschen wert.
22. 12. Die neugeschaffenen Preise der Stadt Wien für Kunst, Wissenschaft und Volksbildung gehen u. a. an Lise Meitner, Otto Koenig, Felix Braun, Otto Rudolf Schatz und Fritz Wotruba.

1948

8. 1. Richard Tauber (eigentl. Ernst Seiffert) stirbt in London (geboren 16. 5. 1892 in Linz).

24. 2. Die Schwarzmarktpreise fallen, der „Schleichhandelsindex" sinkt in diesen Monaten um 25%.

Februar. Von den 700 zerstörten Brücken Österreichs sind 125 wiederhergestellt und dem Verkehr übergeben.

3. 4. Erste Jahres-Ausstellung des Art Club in der Wiener Zedlitzhalle (bis 30. 4.).

21. 4. Der Nationalrat beschließt einstimmig die Amnestie der minderbelasteten Nationalsozialisten durch das „Bundesverfassungsgesetz über die vorzeitige Beendigung der im Nationalsozialistengesetz vorgesehenen Sühnefolgen für minderbelastete Personen". Das Gesetz tritt am 4. Juni in Kraft. Von 524.000 registrierungspflichtigen Personen werden dadurch 482.000 von den Sühnefolgen befreit.

16. 6. Der Nationalrat beschließt das Wohnhauswiederaufbaugesetz.

2. 7. Das Marshallplanabkommen zwischen den Vereinigten Staaten und Österreich wird in Wien unterzeichnet. Bis 1953 beträgt die Unterstützung 960 Millionen Dollar.

3. 7. Erste Modeschau der Modeschule Hetzendorf im Schloßpark von Hetzendorf.

August. Bei der Filmbiennale in Venedig werden die österreichischen Filme „Der Prozeß" (von G. W. Pabst) und „Der Engel mit der Posaune" (von Karl Hartl) ausgezeichnet.

27. 8. Österreich tritt der Weltbank und dem Internationalen Währungsfonds bei.

September. Österreichische Verleger stellen auf der Wiener Herbstmesse die Buchproduktion 1945–1948 aus, insgesamt 2.000 Bücher.

13. 9. Der Kaloriensatz für Normalverbraucher wird auf 2.100 Kalorien pro Tag erhöht.

24. 10. Franz Lehár, Operettenkomponist, stirbt in Bad Ischl (geboren 30. 4. 1870 in Komorn/Ungarn).

18. 12. Das Sporttoto wird offiziell eingeführt.

16. 12. Der Nationalrat beschließt ein Gesetz zur Stützung der Preise für landwirtschaftliche Produkte.

19. 12. Feierliche Eröffnung des restaurierten Teiles (Langhaus und Chorteile) des Stephansdomes in Wien, der am 13. 4. 1945 durch einen Brand nach Luftangriffen erheblich zerstört wurde.

1949

Im Laufe des Jahres gelingt die erste LD-Schmelzung. Eine bedeutende Erfindung auf dem Gebiet der Metallurgie von Technikern der VÖEST in Linz und der Alpine-Montan in Donawitz, daher Linz-Donawitz-Verfahren. Das Ergebnis ist ein besonders hochwertiger Stahl. Das LD-Verfahren wird zum wichtigen Exportartikel Österreichs. Österreich bleibt Lizenzträger bis zum Sommer 1977.

11. 1. Die Brot- und Mehlrationierung wird aufgehoben.

26. 1. Die Alliierten gestatten den kleinen Grenzverkehr zwischen Österreich und Deutschland.

Februar. Die Wiener Secession wird wiedereröffnet.

9. 2. In London beginnt eine neue Verhandlungsrunde der stellvertretenden Außenminister über den Staatsvertrag.

12. 2. Uraufführung von Fritz Hochwälders „Der öffentliche Ankläger" im Wiener Burgtheater.

9. 4. Die Westmächte erklären ihren Verzicht auf Deutsches Eigentum in Österreich.

5. 5. Johann Steinböck wird Landeshauptmann von Niederösterreich (bis 14. 1. 1962).

25. 6. Die ersten Nylonstrümpfe sind da.

4. 10. Edmund Eysler, Operettenkomponist, stirbt in Wien (geboren 12. 3. 1874 in Wien).

9. 10. Nationalrats- und Landtagswahlen (Wien), außerdem Gemeinderatswahlen in Wien, Linz, Salzburg, Graz und Klagenfurt. Mandatsergebnis der Nationalratswahlen: ÖVP 77, SPÖ 67, VdU 16, Linksblock 5 Mandate.

8. 11. Die zweite Regierung Figl wird vom Bundespräsidenten bestätigt.

Bundeskanzler: Leopold Figl (ÖVP), Vizekanzler: Adolf Schärf (SPÖ), Äußeres: Karl Gruber (ÖVP), Inneres: Oskar Helmer (SPÖ), Justiz: Otto Tschadek (SPÖ), Unterricht: Felix Hurdes (ÖVP), Finanzen: Eugen Margarétha (ÖVP).

11. 11. Die erste „Austria-Wochenschau" läuft in 40 Wiener Kinos an.

12. 11. Josef Krainer wird Landeshauptmann der Steiermark (bis 28. 11. 1971).

14. 11. Ferdinand Wedenig wird Landeshauptmann von Kärnten (bis 12. 4. 1965).

27. 11. Abschluß der regelmäßigen Heimkehrertransporte aus der Sowjetunion. 488.419 Kriegsgefangene sind bis zu diesem Datum heimgekehrt.

1. 12. Josef Klaus wird Landeshauptmann von Salzburg (bis 17. 4. 1961).

Die fünfziger Jahre (1950–59)

Im Wahlkampf 1953 gelang es der SPÖ, das Gespenst der „Roten Katze" und damit den Volksfrontvorwurf in einer engagiert und antikommunistisch geführten Kampagne zu entkräften. Höhepunkt der Profilierungsaktion bildete das sogenannte „Galgenplakat", eine Collage von Zeitungsausschnitten mit Meldungen über politische Säuberungen und Terror im Ostblock. Dazu kam die Parole, daß bei uns in Österreich Wahlen geheim seien und daß eine Stimmabgabe für die SPÖ unsere Freiheit sichere. Natürlich wurde das Plakat beanstandet und von der alliierten Zensurbehörde auf Verlangen der Sowjets verboten. Die SPÖ nützte die Chance, diese Aktion anzuprangern und zugleich werbewirksam mit den Zielen der Wahlkampfführung zu verbinden. Anstelle der verbotenen Plakate ließ sie die Aufschrift affichieren: „Zensur – hier befand sich ein Wahlplakat der Sozialistischen Partei. Es mußte auf Weisung der Alliierten Stadtkommandantur überklebt werden. Für ein freies Österreich – wählt SPÖ." Auch dieses Plakat wurde auf höhere Anordnung entfernt, doch für Publicity war gesorgt, und die antikommunistische Linie war nicht mehr so ohne weiteres anzuzweifeln.

Die sowjetische Besatzungsbehörde verlangte von jedem Autor eines Stückes, das im Rundfunk gesendet werden sollte, eine Bestätigung, daß er nicht bei der NSDAP gewesen sei. Als eines Tages ein Grillparzer-Stück auf dem Programm stand, urgierte der zuständige sowjetische Offizier Franz Grillparzers „Unbedenklichkeitsbescheinigung". Vom Leiter der Abteilung Hörspiel erhielt er die folgende Antwort: „Die Vorlage der Bestätigung kann nicht erfolgen, da der Hörspielautor Franz Grillparzer vor Gründung der NSDAP verschieden ist."

Mit „Internationale Zone" und anderen Büchern hatte das Autorenduo Reinhard Federmann und Milo Dor den Unwillen der sowjetischen Besatzungsmacht erregt. Wenn er wieder einmal knapp bei Kasse war, mußte Federmann in die russische Zone, um seinen erfolgreicheren Kollegen Hermann Schreiber um eine Anleihe anzupumpen. Helmut Qualtinger kommentierte die Angstreisen seines Freundes mit den hämischen Worten: „Wenn Federmann zu Schreiber Geld holen fährt, dann sieht er sich an jeder Straßenecke um, und von überall her ertönt aus dem Dunkel der Ruf: ‚Fjedermann ... Fjedermann!'"

Zu Beginn der fünfziger Jahre lief im Wiener Kabarett „Simpl" – „ein größenwahnsinnig gewordenes Nudelbrett" nannte Maxi Böhm diese Bühne – das Programm „Kolumbus entdeckt Amerika". Fritz Muliar war Kolumbus, ein junger Nachwuchskünstler mimte seinen Steuermann Pedro. Das aufstrebende Talent sollte, laut Rolle, auch ein paar Takte singen. Während der Probenarbeit gab Karl Farkas, der Regie führte, Muliar die Anweisung: „Singen Sie das selber! Unser junger Kollege da hat leider keine Stimme!" Aus dem jungen Mann ohne Stimme ist mittlerweile ein mehrfacher Plattenmillionär geworden. Sein Name ist Peter Alexander.

Die ökonomische Wende zum Besseren wurde durch die kluge Wirtschaftspolitik von Raabs zuständigem Finanzminister Reinhard Kamitz eingeleitet. Trotzdem war es dem Bundeskanzler ein Dorn im Auge, wenn man vom „Raab-Kamitz-Kurs" sprach. Er duldete keine Nebengötter an seiner Seite ...

1953 wurde der dreifache Doktor Udo Illig Handelsminister. Als ihm ein Geschäftsmann einen Brief schreiben wollte und diktierte: „An Herrn Dr. Dr. Dr. ..." unterbrach ihn die Sekretärin: „Entschuldigen Sie, stottern Sie, oder schreiben wir einen Brief an den Handelsminister?"

Österreichs Grundkonsens nach dem Zweiten Weltkrieg beruhte neben der Sozialpartnerschaft auf dem Antikommunismus. Darin waren sich Schwarz und Rot immer einig. Als es zwischen dem stellvertretenden sowjetischen Ministerpräsidenten Anastas Mikojan und Innenminister Oskar Helmer eine Verstimmung gegeben hatte, Mikojan aber kurz darauf Helmer und die gesamte Regierung nach Moskau einlud, meinte dieser lakonisch: „I kummert ja gern, wenn i nur wüßt, ob i a wieder z'ruck kumm."

Vor dem Abschluß der Staatsvertragsverhandlungen luden die Sowjets die österreichische Delegation ein, ihre Ferien in der Sowjetunion zu verbringen. „Das geht leider nicht", meinte Bundeskanzler Raab. „Wir habn uns doch grad auf die immerwährende Neutralität geeinigt, da können wir doch net Urlaub auf der Krim machen."

Bei der Vorbereitung des Moskauer Memorandums 1955 wurde es spät. Nach einem großen Bankett im Kreml bei Kaviar und Wodka sollte weiterverhandelt werden. Raab war dafür, während Schärf sagte, er habe in seiner Anwaltspraxis nach 21 Uhr grundsätzlich nichts mehr unterschrieben. Kreisky mußte den Sachverhalt den Russen erklären und meinte zu Molotow: „Lassen wir's heute." Der schüttelte den Kopf – ließ es aber gut sein.

Nach der Unterzeichnung des Staatsvertrages traf Figl, der zu Verhandlungen über die Herabsetzung der Reparationszahlungen an die Sowjetunion in Moskau weilte, mit den ehemaligen sowjetischen Hochkommissaren zusammen, die in Wien im Hotel Imperial residiert hatten. Der Außenminister schlug ihnen vor: „Macht's doch einen Betriebsausflug ins Hotel Imperial! Es ist nicht zum Wiedererkennen!"

Ein Rolls-Royce rast auf den Wiener Flughafen, stoppt mit quietschenden Pneus, es entschwebt Herbert von Karajan. Während sein Sekretär Mattoni das Gepäck versorgen läßt, begibt sich der Maestro an den AUA-Schalter: „Fräulein, rasch, geben Sie mir ein Ticket!" „Gern", sagt die Schöne hinter der Glasscheibe. „Und wohin?" „Egal. Mich braucht man überall."

Als Theaterkritiker war Hans Weigel infolge seiner Unbestechlichkeit gleichermaßen beliebt wie gefürchtet. Käthe Dorsch verabreichte ihm eine saftige Ohrfeige, weshalb man sich vor Gericht wiedersah – Direktor Adolf Rott wollte sie daraufhin zum Ehrenmitglied des Burgtheaters machen –, und eine ebenso nette wie ahnungslose Schauspielerin äußerte einmal: „Ich versteh' das nicht. Da sitzt man Abende lang mit ihm im Café und dann verreißt er einen!"

Österreich war und ist ein Land der Titel, in dem sich fast jeder nackt vorkommt, der kein Dr. oder Prof. vor seinen Namen setzen kann. So wurde auch mit dem Professorentitel geradezu verschwenderisch umgegangen, was seinen Wert nicht eben erhöhte. Tröstete Hans Moser einen Kollegen, der eben damit geehrt worden war: „Mach dir nix draus, 's kommt eh bald a Amnestie."

DER WEIHNACHTSWUNSCH

Ganz oben am Christbaum des Nachkriegs-Österreich hängt der Staatsvertrag. So hoch, daß man ihn fast nicht erreichen kann. Umso glücklicher, um nicht zu sagen euphorischer, reagiert die Bevölkerung auf die Unterzeichnung dieses historischen Vertragswerkes. Zu Weihnachten 1955 ist in Österreich die Welt in Ordnung!

NOT UND BESCHEIDENHEIT DER NACHKRIEGSZEIT

In so ärmlicher Adjustierung werden im Winter 1953 Zeitungen verkauft. Auch Firmungen können nur auf bescheidene Art gefeiert werden. Nicht einmal Luftballons gibt es 1954 für diese Firmlinge aus der Gegend von Hallstatt. Auf Fahrradgepäcksträgern werden sie von der Firmung nach Hause gefahren (gegenüberliegende Seite).

DIE ÖSTERREICHER WÄHLEN IHR STAATSOBERHAUPT

Im zweiten Wahlgang der Bundespräsidentenwahl 1951, bei der das Staatsoberhaupt erstmals vom Volk gewählt wird, schafft der bisherige Wiener Bürgermeister Theodor Körner den Sprung in die Hofburg. Sein ÖVP-Gegenkandidat war der oberösterreichische Landeshauptmann Heinrich Gleißner. Das Bild oben zeigt ein in Wien affichiertes Wahlplakat.

Café Goethe
Tiller
Café Goethe
TRABEN
KRIEAU
TILLER
KLEIDER
W 1002

WAHLKAMPF ANNO 1953

Bundeskanzler Leopold Figl spricht in Niederösterreich auf der Bühne eines Bauerntheaters.
Nach der Wahl führt eine überraschende Entscheidung der Volkspartei zur Wachablöse im Bundeskanzleramt:
ÖVP-Klubobmann Julius Raab löst Figl als Bundeskanzler ab.

DIE NEUE PUMMERIN IST DA!

Die neue Pummerin – sie wurde in der Glockengießerei St. Florian gegossen – zieht im April 1952 unter der begeisterten Anteilnahme ganz Österreichs durch die Mariahilferstraße in Wien ein (gegenüberliegende Seite).

LIFESTYLE IN DEN 50ERN

Die Nachkriegsgeneration swingt im Boogie-Fieber. 1953 findet im Wiener Konzerthaus für sportlich Ambitionierte eine Boogie-Woogie-Konkurrenz statt (oben). Ein neuartiges Accessoire begeistert die modebewußte Damenwelt: Die ersten Nylons sind da! Schon anno 1953 wirbt ein Strumpfplakat der Firma Palmers mit weiblichem Sexappeal (gegenüberliegende Seite).

PALMERS
Strümpfe
2 Paar Perlons in der neuen
Zwilling-Packung
59.-
HAFERFLOCKEN
BILLIGSTEN
MUSIKUNTERRICHT
RADIOPARLAMENT
Wir suchen
ASY MAYA
Williams
beim
Südbahnhof

BEGINN DES WIRTSCHAFTSWACHSTUMS

Das bereits nach dem „Anschluß" begonnene und 1955 fertiggestellte Großkraftwerk Glockner-Kaprun ist weit mehr als ein imposantes Bauwerk. Es ist ein Symbol für Unabhängigkeit vom Ausland, für Wirtschaftsaufschwung, für Elektrizität, Licht und Wärme. Das Bild oben zeigt die große Staumauer des Kraftwerks.
In Wien setzen die ersten Bürohochhäuser neue Akzente im Stadtbild. Das Bild auf der gegenüberliegenden Seite zeigt den 1955 fertiggestellten 23geschossigen Ringturm am Donaukanal.

DIE KEHRSEITE DES SCHNELLEN WIEDERAUFBAUS

Daß man an prominenten Plätzen der Wiener Innenstadt – hier der 1956 fertiggestellte Opernringhof gegenüber der Oper – am ehesten mit dem Wiederaufbau begonnen hat, ist verständlich, nur leider: Schön sind sie alle nicht, diese zu früh und zu schnell errichteten Bauten.
Die Karikatur auf der gegenüberliegenden Seite zeigt einen Wiener Gemeindebau Jahrgang 1956.
Das hält man zu dieser Zeit im Rathaus für fortschrittlich.

EMMENTALER
BAU AG

ZWEIMAL WACHABLÖSE AM HELDENPLATZ

Auf dem rechten Bild aus dem Jahr 1954 übernehmen die Amerikaner den Vorsitz von den Russen im viergeteileten Ersten Bezirk; die Armeephotographen sind dabei, Prinz Eugen wendet sich ab.
Das Bild unten zeigt die allerletzte Wachablöse des Jahres 1955. Der abzulösende, strammstehende russische Soldat wird von amerikanischen Soldaten umringt, ein weiterer photographiert die Szene – ein wohl einmaliges Bild zur Zeit des Kalten Krieges.

DIE VIER, DIE AUSZOGEN, DAS FÜRCHTEN ZU LERNEN

Am 11. April 1955 fliegt eine österreichische Abordnung unter der Leitung von Bundeskanzler Julius Raab zu Staatsvertragsverhandlungen nach Moskau. Bruno Kreisky, damals einer der Delegationsteilnehmer, rekapituliert: „Eine lange Reihe schwarzgekleideter Herren, also das ganze diplomatische Korps der sowjetischen Hauptstadt, war zu unserem Empfang erschienen, wie wir das immer wieder in Filmen gesehen hatten. Es war wirklich was los. Auf der anderen Seite befand sich eine große Schar von Männern, die wir nur von den Zeitungen her kannten, nämlich die Mächtigen des Kreml. Und ganz rechts hatte das Moskauer Gardebataillon mit seiner großartigen Musikkapelle Aufstellung genommen, welche die österreichische Bundeshymne auswendig spielte. Da schien nun manchem von uns doch irgendwie aufzudämmern, daß hier Besonderes vor sich gehen würde. In etwas vorlauter Weise, als der Jüngste, habe ich mir erlaubt, beim Anblick dieses Aufgebots zu meinen drei vorgesetzten Herren Raab, Schärf und Figl zu sagen, daß ich glaube, wenn man uns mit so viel Sang und Klang empfängt, daß man uns kaum wieder sang- und klanglos wird wegfahren lassen können."

SAG ZUM ABSCHIED LEISE SERVUS

1955 müssen sie abziehen, die Besatzer aus den USA, der Sowjetunion, Frankreich und England.
Während der von Leopold Lindtberg 1951 gedrehte Film „Die Vier im Jeep" die Besatzungsmächte eher freundlich glossiert, kursiert in den Jahren bis zum Staatsvertrag auch die viel kritischere Rede von den „vier Elefanten im Ruderboot".
Sie geht auf Karl Renner zurück, der in einer Ansprache 1947 erstmals diese griffige Formulierung wählt:
„Es ist nicht leicht, das österreichische Ruderboot auf dem Strom seines Schicksals zu steuern. Vier Elefanten sind ein viel zu großer, schwer zu handhabender, äußerst verdrießlicher und nicht minder gefährlicher Ballast. Noch dazu, wenn diese vier Elefanten sich nicht so ruhig verhalten, wie es die mangelnde Stabilität eines Ruderboots verlangt, wenn sie zu drängeln anfangen und gegeneinander bocken."

HEUT' KOMMEN D' ENGERLN AUF URLAUB NACH WEAN!

Der Karikaturist sieht angesichts des übergroßen Jubels in der Bevölkerung über den Abschluß des Staatsvertrages die Außenmininster der vier Signatarmächte ein Lied auf Wien anstimmen. Dazu eine Episode, die sehr gut die manchmal ziemlich autoritäre Einstellung von Bundeskanzler Julius Raab charakterisiert: Nach Unterzeichnung des Staatsvertrages sind starke Kräfte in der ÖVP für vorzeitige Neuwahlen, um den Publicity-Erfolg zu nützen. Raab ist dagegen. In einer Sitzung der Bundesparteileitung reden viele Neuwahlen das Wort, bis Raab ein Machtwort spricht: „Wenn i jetzt abstimmen laß, gibt's eine Mehrheit für Neuwahlen. Deswegen laß i net abstimmen. Die Sitzung ist geschlossen!"
V.l.n.r.: die Außenminister Antoine Pinay (Frankreich), Harold Macmillan (Großbritannien), John Foster Dulles (USA) und Wjatscheslaw Michailowitsch Molotow (UdSSR).

FREI!

„Österreich ist frei!" Diese Worte spricht Außenminister Leopold Figl unter dem großen Jubel seiner Landsleute. Und die Österreicher sind stolz ob der wiedergewonnenen Freiheit.
V.l.n.r.: Hochkommissar und Botschafter Thompson (USA), Außenminister Dulles (USA), Außenminister Pinay (Frankreich), Außenmininster Figl, Bundespräsident Schärf, Außenminister Molotow (Sowjetunion), Bundeskanzler Raab und Botschafter Iljitschow (Sowjetunion).

GANZ ÖSTERREICH JUBELT

Nach der Unterzeichnung des Österreichischen Staatsvertrags im Schloß Belvedere am 15. Mai 1955 blicken (v. l. n. r.) der amerikanische, der österreichische und der sowjetische Außenminister vom Balkon aus auf die jubelnde Menge.

SCHMERZLICHER ABSCHIED

Am 19. September 1955 verlassen die letzten russischen Besatzer Österreich. Die Wiener vergießen Krokodilstränen. Ein allerletztes Erinnerungsphoto gefällig?

ABLÖSUNG

Die „Vier im Jeep" ziehen ab, und ein Angehöriger der neuen österreichischen B-Gendarmerie, der Vorläuferin des Bundesheeres, schaut ihnen fröhlich nach.
Noch 1954 hingen während einer Sitzung des Alliierten Rates die Kappen der Vertreter der Besatzungsmächte einträchtig auf einem Kleiderständer im Vorraum.

WIEN HAT SEIN OPERNHAUS WIEDER

Unter den Blitzlichtern der Photographen betreten die Premierengäste der Opernwiedereröffnung am 5. November 1955 das Haus am festlich beleuchteten Ring.

SKINATION ÖSTERREICH

Das Ski-Idol der 50er Jahre, Toni Sailer (oben), feiert bei den Olympischen Winterspielen in Cortina d'Ampezzo 1956 wahre Triumphe und gewinnt alle drei alpinen Bewerbe im Skilauf (Abfahrt, Slalom und Riesenslalom). Der Skispringer Sepp „Bubi" Bradl – bereits 1939 hat er einen Weltmeistertitel errungen – gewinnt 1953 die Vier-Schanzen-Tournee noch im Alter von 35 Jahren. Er war der erste Mensch, der auf einer Skischanze über 100 Meter flog.

Ununterbrochen Einlass

PHANTASTISCH VERSUS ABSTRAKT

Ein Bild aus dem Jahr 1954 (gegenüberliegende Seite) zeigt den ursprünglichen Kreis der Maler des Wiener phantastischen Realismus im Wiener Prater: Helmut Leherb, Anton Lehmden, Wolfgang Hutter und Rudolf Hausner. Später stießen Ernst Fuchs und Arik Brauer dazu.

Im Jahr 1957 zeigten die vier Maler der Galerie nächst St.Stephan – Markus Prachensky, Josef Mikl, Wolfgang Hollegha und Arnulf Rainer – in der Wiener Secession ihre Ausstellung „Die Brandstifter" (unten).

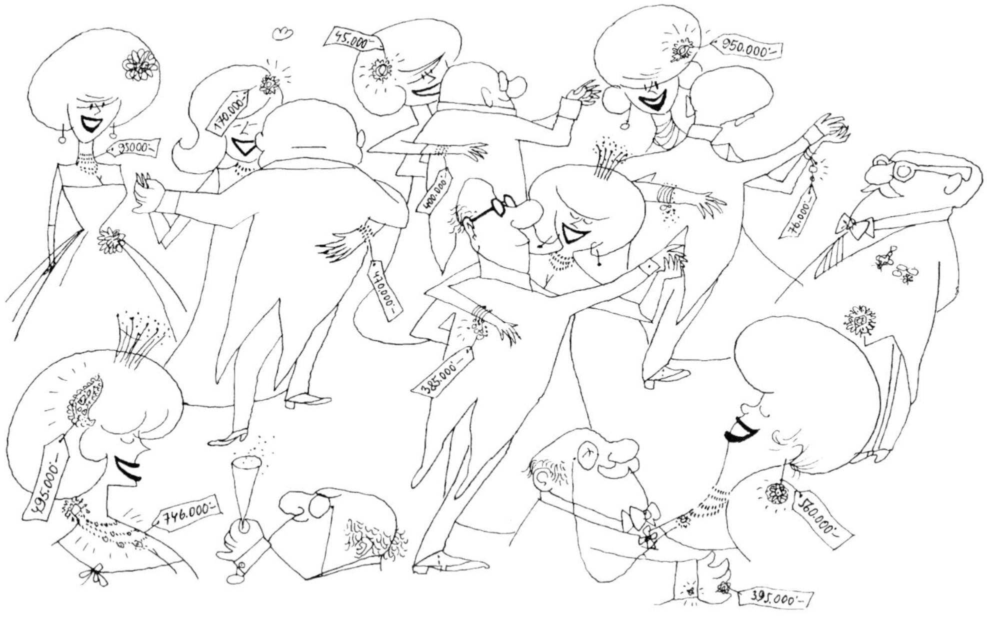

ALLES WALZER!

1956 findet der erste Opernball im Nachkriegs-Wien statt. Im Laufe der Jahre entwickelt sich diese Veranstaltung zu einem Jahrmarkt der Eitelkeit. Eine Anekdote aus dem Jahr 1972: Kanzler Kreisky, mit makelloser Frack- und Ordensbrust, wird für das Fernsehen von Heinz Fischer-Karwin interviewt. Auf das Tanzen angesprochen, gesteht der Kanzler seine Unlust. Fischer-Karwin bohrt weiter: „Und was machen Sie bei Damenwahl?" Worauf Kreisky sich – mit leichtem Schauer – erinnert: „Einmal ist mir so etwas in einer niederösterreichischen Stadt passiert. Als die Damenwahl über eine Stunde verlängert wurde, bin ich dann an jenen Ort geflohen, den man hierzulande ‚Häusel' nennt ..." Der Reporter forscht in der Folge nach des Kanzlers Jugendbällen. Darauf Kreisky: „Damals war ich ein junger Revolutionär, der für derartige Festivitäten keine Zeit, sondern nur Verachtung übrig hatte." Fischer-Karwin will nun wissen, wie es sich jetzt mit der revolutionären Einstellung des Kanzler verhielte. Er bekommt die weise Antwort: „Daß junge Revolutionäre mit Frack und Orden herumgehen, scheint die Rache der Geschichte zu sein ..."

AUFSTAND IN UNGARN

Gegen die Auswüchse des kommunistischen Regimes und die wirtschaftliche Überforderung kommt es in Ungarn, ausgehend von Studentenkundgebungen, im Oktober 1956 zum Aufstand. In der Folge flüchten Tausende Ungarn auf österreichisches Staatsgebiet und werden von den Österreichern mit aufopfernder Hilfsbereitschaft aufgenommen.

DAS KABINETT RAAB II

Das am 29. Juni 1956 angelobte Kabinett Raab II.
Sitzend (v.l.n.r.): Innenminister Oskar Helmer (SPÖ), Vizekanzler Adolf Schärf (SPÖ), Bundeskanzler Julius Raab (ÖVP), Außenminister Leopold Figl (ÖVP), Landwirtschaftsminister Franz Thoma (ÖVP). Stehend (v.l.n.r.): Staatssekretär Karl Stephani (SPÖ), Staatssekretär Franz Grubhofer (ÖVP), Verteidigungsminister (ab 11. 7.) Ferdinand Graf (ÖVP), Justizminister Otto Tschadek (SPÖ), Staatssekretär Franz Gschnitzer (ÖVP), Staatssekretär Eduard Weikhart (SPÖ), Verkehrsminister Karl Waldbrunner (SPÖ), Handelsminister Udo Illig (ÖVP), Staatssekretär Bruno Kreisky (SPÖ), Finanzminister Reinhard Kamitz (ÖVP), Staatssekretär Fritz Bock (ÖVP), Sozialminister Anton Proksch (SPÖ) und Unterrichtsminister Heinrich Drimmel (ÖVP).

DIE LIEBE FAMILIE

Wie in allen Koalitionsregierungen gibt es auch unter Bundeskanzler Julius Raab immer wieder Kompetenzstreitigkeiten. So ist es ein Streitthema, ob Raab in Begleitung des roten Vizekanzlers ins Ausland reisen sollte oder nicht. Nach der Rückkehr von einer solchen Auslandsreise wird Raab gefragt: „Herr Bundeskanzler, warum sind Sie nach Moskau in Begleitung des Vizekanzlers, nach Washington aber allein gefahren?" „Schaun Sie", meinte Raab, „in Washington hab i mi net so g'fürcht."
Vordere Reihe (v.l.n.r.): Waldbrunner, Helmer, Raab, Illig, Graf.
Hintere Reihe (v.l.n.r.): Tschadek, Drimmel, Schärf, Kamitz, Figl, Bock, Thoma.

ERSTE PARADE UNSERES JUNGEN HEERES

Nach Abschluß des Staatsvertrages 1955 erhält Österreich seine Wehrhoheit wieder, allerdings eingeschränkt durch eine Reihe von Artikeln (z.B. Verbot von Atom- und Raketenwaffen). Der erste Kader des neuen Bundesheeres geht aus einer Spezialabteilung der Gendarmerie von 1945–1955 hervor.

Am 25. Mai 1957 präsentieren sich alle Waffengattungen in einer großen Parade auf der Wiener Ringstraße.

TREU BIS

HURRA ! HAARSCHARFER SIEG

Da jubeln die Genossen! Der Sozialist Adolf Schärf, einer der Mitbegründer der Zweiten Republik und Initiator der Gründung der SPÖ, gewinnt die Bundespräsidentenwahl 1957 gegen den von der ÖVP nominierten Arzt Wolfgang Denk.

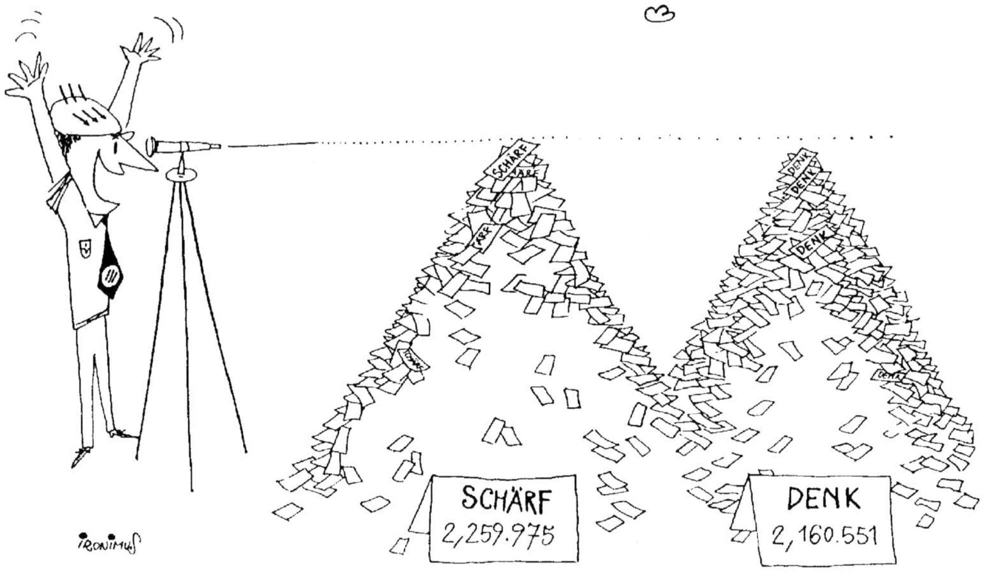

VERWICKELTE VERHANDLUNGEN

Nach der Wahl des SPÖ-Vorsitzenden Adolf Schärf zum Bundespräsidenten muß sich Kanzler Julius Raab auf einen neuen und – wie sich bald herausstellt – sehr schwierigen Partner einstellen: Bruno Pittermann, ein dialektisch versierter Sozialist, wird neuer Vizekanzler.

DIE FERIEN SIND AUS

Die große Koalition wird von ihren Kritikern mit vielen nicht gerade schmeichelhaften Attributen belegt. In Erinnerung ist heute noch eine scherzhafte Unterstellung, die Koalition sei eine Regierungsbrauerei, in der die ÖVP die Niederlagen und sie SPÖ die Flaschen liefere.

WIEDERGEBURT DES KAFFEEHAUSES

Zum wiedergewonnenen Lebensgefühl gehört Mitte der 50er Jahre auch der nachmittägliche Kaffeehausplausch (gegenüberliegende Seite).
Im Wiener Café Raimund etabliert sich ein Literatenkreis um den aus dem schweizer Exil zurückgekehrten Hans Weigel, der sich der Förderung junger Autoren annimmt und oft letzte Instanz in kulturpolitischen Fragen ist. Das Bild unten zeigt ihn im Kreis von (v.r.n.l.) Harald Zusanek, R. Berger, Wolfgang Kudrnofsky, Reinhard Federmann, T. Hegner, Ingeborg Bachmann, Milo Dor, Kurt Absolon, Christine Busta, Jeannie Ebner, K. Binder, F. Fischer.

Fernsehe
VOLKSWAGEN
BETTEN

DER MODERNE RATTENFÄNGER

Der Maler Oskar Kokoschka erreicht Mitte der fünfziger Jahre eine für österreichische Verhältnisse ungeheure Popularität. Und doch muß er viel Geduld aufbringen, bis nach der Emigration seine Heimholung über die Bühne gehen kann. Es ist dem Geschick des Bundeskanzlers Bruno Kreisky zu verdanken, wenn es schließlich – Jahrzehnte später – doch noch klappen sollte. Oskar Kokoschka weigert sich nämlich standhaft, um den Wiedererwerb der Staatsbürgerschaft anzusuchen, da der gebürtige Österreicher, dem Adolf Hitler einst die Staatsbürgerschaft genommen hat, nicht einsieht, warum er von sich aus initiativ werden sollte. Es folgt ein langer Kampf des Kanzlers mit den Behörden, aber auch Kreisky kann nicht für Kokoschka um die Staatsbürgerschaft einreichen. Schließlich gelingt es, eine Änderung des Staatsbürgerschaftsgesetzes herbeizuführen. Kreisky teilt der zuständigen Behörde daraufhin mit, Kokoschka habe bei ihm Aufenthalt genommen, womit das Problem gelöst ist. Der Kanzler benachrichtigt den berühmten Maler schriftlich in der Schweiz, worauf dieser gerührt antwortet: „Ich bin sehr geehrt, daß Sie sich darüber freuen, mich noch lebendig der Republik Österreich einzuverleiben. Ich hoffe für mich und für Österreich, daß es diesmal zum letztenmal sein wird... Ich danke Ihnen für diesen unerwarteten Federstrich, man könnte es auch einen Handstreich nennen..."

DIE BEAMTEN
HOCH RAINER
DIE JUGEND
KNIGGE
DER STADTPLANER
ZV
Porzellan
PENDEL
IRONIMUS

KAMPF UM DIE STADTPLANUNG

Wie soll die neue Architektur aussehen? Diese Frage erhitzt die Gemüter. Einer der ersten Monumentalbauten im Nachkriegs-Wien ist übrigens die vom Wiener Stadtplaner Roland Rainer geplante und zwischen 1953 und 1958 errichtete Stadthalle, die etwa 16.000 Personen fassen kann.
Das Bild oben zeigt einen Teil des Gebäudes auf dem Vogelweidplatz mit der Plastik „Die Bewegung" von Wander Bertoni im Vordergrund.

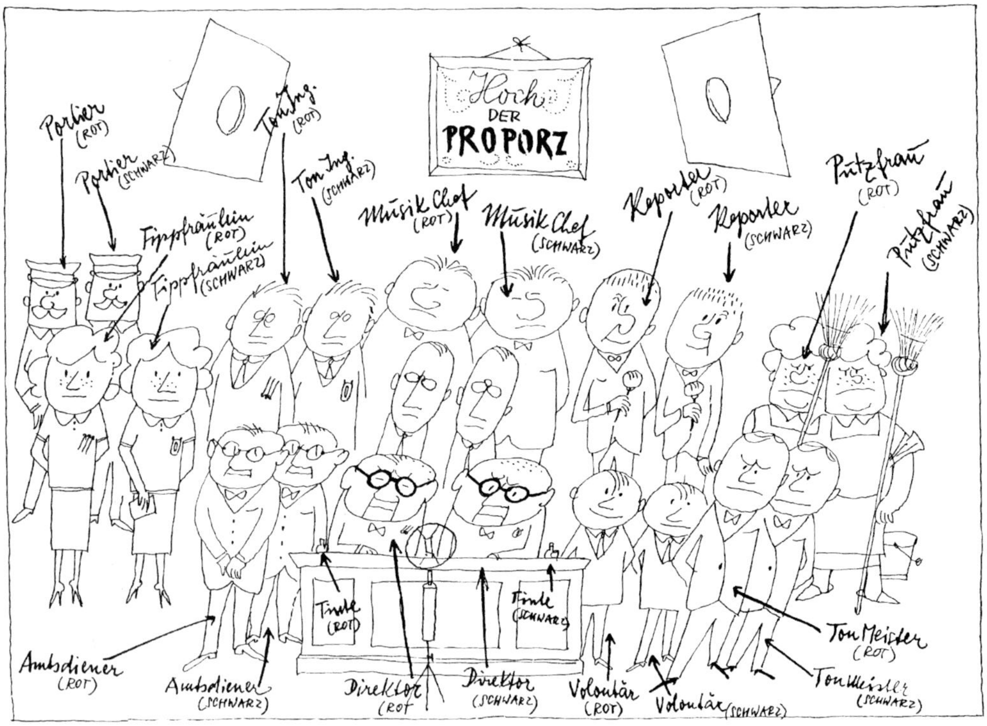

WOHLPROPORZIONIERTER RUNDFUNK

Auch im Rundfunk regiert der Proporz. Als Josef Scheidl Generaldirektor geworden ist, trifft er auf einem Rundgang durchs Haus zwei miteinander tuschelnde Kollegen, die bei seinem Näherkommen betreten auseinanderfahren: „Haben Sie am End' schon gegen mich intrigiert?" meint Scheidl. „Nicht gegen Sie, Herr Generaldirektor", bekommt er zur Antwort, „aber gegen Ihren Nachfolger!"

DIE GROSSE KOALITION

1959 wird es für Kanzler Julius Raab immer schwieriger, den Koalitionskarren geradeaus zu steuern. Die SPÖ befindet sich nämlich im Aufwind, und Bruno Pittermann verlangt mehr Mitsprache. Und dennoch: Die Koalition der beiden Großparteien, die nun schon bald 15 Jahre besteht, wird fortgesetzt.

MIT EINEM BLAUEN AUGE

Die Schlacht ist geschlagen: Die SPÖ erringt bei der Nationalratswahl 1959 eine knappe Stimmen-, die ÖVP eine knappe Mandatsmehrheit. Die Koalitionsregierung wird bestätigt. Julius Raab bleibt Bundeskanzler, Bruno Pittermann sein Vize.

AUF DOPPELPOSTEN

Der Proporz treibt seltsame Blüten. In Wien kursiert der Scherz, in jeder Abteilung eines Ministeriums müßten drei Beamte Dienst tun: ein Schwarzer, ein Roter – und einer, der die Arbeit macht.

Chronik 1950–1959

1950

13. – 18. 2. Bei den mit Spannung verfolgten Skiweltmeisterschaften in Aspen/USA belegen die Österreicher bei den Damen in allen drei Wettbewerben die ersten beiden Plätze. Abfahrt: Trude Beiser-Jochum vor Erika Mahringer, Slalom: Dagmar Rom vor Erika Mahringer, Riesenslalom: Dagmar Rom vor Trude Beiser-Jochum.
10. 3. Österreichpremiere des Films „Der dritte Mann".
31. 3. Ein Brand vernichtet das „Goldkabinett" des Prinzen Eugen im Belvedere.
11. 5. Die US-amerikanische Besatzungsmacht stellt die Kontrollen an der Zonengrenze ein.
3. 6. Der Schwergewichtler Joschi Weidinger wird in Wien Europameister im Boxen.
21. 6. In Österreich wird die Todesstrafe abgeschafft.
26. 8. – 3. 9. In Innsbruck findet die erste Messe nach dem Krieg statt.
31. 8. Die Zeit der Lebensmittelrationierung geht mit dem Lebensmittelbewirtschaftungsgesetz zu Ende.
26. 9. Beginn einer kommunistischen Streikbewegung gegen das vierte Lohn- und Preis-Abkommen. Besonders in Wien nimmt sie die Form eines Putschversuches an; etwas 120.000 Arbeiter streiken.
27. 9. Kommunistische Rollkommandos gehen gegen die Elektrizitätswerke und die Straßenbahnhöfe in den sowjetisch besetzten Bezirken vor. Franz Olah, der Führer der Bauarbeitergewerkschaft, tritt unter persönlichem Einsatz mit seinen Leuten den Rollkommandos entgegen, die nach einigen Stunden die Straßenbahnhöfe räumen müssen.

Verhaftungen während der kommunistischen Streikbewegung 1950

Herbert Boeckl in seinem Atelier

22. 11. Geschworenengerichte werden wieder eingeführt.
30. 11. Der Konsum eröffnet den ersten Selbstbedienungsladen Wiens.
31. 12. Bundespräsident Karl Renner stirbt in Wien (geboren 14. 12. 1870 in Untertannowitz/Mähren).

1951

2. 1. Bundeskanzler Leopold Figl wird mit den Funktionen des Bundespräsidenten betraut.
16. 1. Der Nationalrat beschließt einstimmig, in Zukunft den Bundespräsidenten durch das Volk wählen zu lassen.
27. 2. Alois Grauß wird Landeshauptmann von Tirol (bis 12. 11. 1957).
März. In Wien wurden seit dem Krieg 120 Schulen wieder aufgebaut.
15. 4. Das erste SOS-Kinderdorf wird in Imst (Tirol) eröffnet. Idee und Durchführung stammten von dem Vorarlberger Hermann Gmeiner.
29. 4. Ludwig Wittgenstein, Philosoph, stirbt in Cambridge (geboren 26. 4. 1889 in Wien).
26. 5. Eröffnung der ersten Wiener Festwochen nach dem Krieg.
6. 5. Erste Bundespräsidentenwahl durch das Volk. Sieben Kandidaten treten an, die wichtigsten: Heinrich Gleißner (ÖVP), Theodor Körner (SPÖ). Da kein Kandidat die erforderliche absolute Mehrheit erhielt, wurde eine Stichwahl für den 27. Mai festgelegt.
27. 5. Theodor Körner, seit 21. 10. 1945 Bürgermeister von Wien, wird im 2. Wahlgang zum Bundespräsidenten gewählt.
30. 5. Hermann Broch, Schriftsteller, stirbt in New Haven/Connecticut (geboren 1. 11. 1886 in Wien).
23. 6. Stadtrat Franz Jonas wird Bürgermeister von Wien (bis 1. 6. 1965).
13. 7. Arnold Schönberg, Komponist, stirbt in Los Angeles/Kalifornien (geboren 13. 9. 1874 in Wien-Brigittenau).
18. 7. Der Nationalrat genehmigt den Beitritt Österreichs zum Allgemeinen Zoll- und Handelsabkommen GATT.
20. 8. Das Wirtschaftsdirektorium beschließt wegen Verknappung auf dem Fleischmarkt die Einführung von zwei fleischlosen Tagen in der Woche (Dienstag und Freitag).

1952

Herbert Boeckl beginnt in der Engelskapelle der Stiftskirche von Seckau (Steiermark) mit der Arbeit an dem Freskenzyklus „Apokalypse" (vollendet 1960).
Jänner. Die Alpine-Montan in Donawitz nimmt eine neue

Wahlplakat für den Kandidaten der ÖVP bei der Bundespräsidentenwahl 1951

Jänner. Die Alpine-Montan in Donawitz nimmt eine neue Knüppelstrecke in Betrieb, die eine Jahresleistung von ca. 40.000 Tonnen Walzstahl erbringt.
14. 3. Die Westmächte schlagen der UdSSR den Entwurf eines Räumungsprotokolls für Österreich vor. Am 14. August lehnt die Sowjetunion den Vertragsentwurf ab.
24. 4. Die Klinik von Universitätsprofessor Fellinger im Allgemeinen Krankenhaus in Wien erhält das modernste Elektronenmikroskop der Welt.
26. 4. Feierlicher Einzug der neugegossenen Pummerin für den Wiener Stephansdom und Eröffnung des wiederhergestellten Domes.
11. 6. Die sowjetische Besatzungsmacht gibt die Donauschiffahrt frei. Die DDSG nimmt auf der Strecke Wien–Linz den Personenverkehr auf.
22. 7. Die Verfügung über die Einschränkung des Fleischkonsums wird aufgehoben.
28. 10. Bundespräsident Körner beauftragt Leopold Figl erneut mit der Regierungsbildung – die Regierung Figl bleibt unverändert im Amt.
11. 12. Der österreichische Rundfunk führt dem Rundfunkbeirat eine Fernsehversuchssendung vor.

1953

Jänner. Die VÖEST Linz nehmen das erste nach dem neuen Sauerstoffverfahren arbeitende Stahlwerk der Welt in Betrieb.
11. 1. Sepp Bradl gewinnt die Skispringertournee in Garmisch, Oberstdorf, Innsbruck und Bischofshofen vor der gesamten nordischen Springerelite.
22. 2. Die dritte Nationalratswahl der Zweiten Republik, gleichzeitig Landtagswahlen im Burgenland, in der Steiermark und in Kärnten sowie Gemeinderatswahlen in Graz und Klagenfurt. Mandatsergebnis der Nationalratswahl: ÖVP 74, SPÖ 73, VdU 14 Mandate.
9. 3. Hugo Bernatzik, Ethnologe, Reiseschriftsteller und Mitbegründer der angewandten Völkerkunde, stirbt in Wien (geboren 26. 3. 1897 in Wien).
13. 3. Leopold Kunschak, 1945 Vizebürgermeister von Wien und Erster Präsident des Nationalrates (bis 1953), stirbt in Wien (geboren 11. 1. 1871 in Wien).
23. 3. Die Regierungsbildung Leopold Figls scheitert – Julius Raab wird vom Bundespräsidenten mit der Bildung einer Regierung betraut.
2. 4. Amtsantritt der Regierung Raab I.
Bundeskanzler: Julius Raab (ÖVP), Vizekanzler: Adolf Schärf (SPÖ), Äußeres: Karl Gruber (ÖVP), Inneres: Oskar Helmer (SPÖ), Justiz: Josef Gerö (parteilos), Unterricht: Ernst Kolb (ÖVP), Finanzen: Reinhard Kamitz (ÖVP).
1. 5. Offizielles Ende der Lebensmittelmarken – nach $13^1/_2$ Jahren.
1. 7. Der Marshallplan läuft aus. Österreich erhielt durch diese direkte Wirtschaftshilfe der USA bis zu diesem Zeitpunkt 960 Millionen Dollar.
3. 7. Hermann Buhl bezwingt im Alleingang den 8.126 m hohen Nanga Parbat im Himalaja.
11. 8. Ernst Molden, Historiker und Publizist, stirbt in Wien (geboren 30. 5. 1886 in Wien).
18. 10. Grundsteinlegung zur Wiener Stadthalle von Architekt Roland Rainer.
14. 11. Außenminister Karl Gruber tritt zurück. Grund ist der in der Tageszeitung „Die Presse" Anfang November erschienene Teilvorabdruck der „Gruber-Memoiren", in dem die „Figl-Fischerei" aus dem Jahre 1947 apostrophiert ist. Leopold Figl hatte am 5. Juni 1947 ein abtastendes Gespräch mit dem Kommunisten Ernst Fischer über die Zukunft Österreichs geführt.
25. 11. Altbundeskanzler Leopold Figl wird zum Außenminister ernannt.
30. 11. 140.000 Volksdeutsche wurden bis zu diesem Datum in Österreich eingebürgert.

1954

11. 1. Oscar Straus, Komponist, stirbt in Bad Ischl (geboren 6. 3. 1870 in Wien).
20. 1. Beginn des Prozesses gegen den ehemaligen Minister für Vermögenssicherung und Wirtschaftsplanung, Dr. Peter Krauland, in Wien. Anschuldigung wegen Finanzierung der Parteikasse der ÖVP. Er wird aufgrund des Amnestiegesetzes am 6. Juli freigesprochen.
25. 3. 3.000 Vertreter von Kunst und Wissenschaft demonstrierten in Wien wegen des geringen Kulturbudgets.
9. 4. Der Nationalrat beschließt die Erhöhung des Kulturbudgets um 150 Millionen Schilling.
Mai. Die Gemäldegalerie des Kunsthistorischen Museums in Wien wird wiedereröffnet.
27. 5. Fritz von Herzmanovsky-Orlando, Schriftsteller und Graphiker, stirbt auf Schloß Rametz/Südtirol (geboren 30. 4. 1877 in Wien).
16. 6. – 4. 7. Fußballweltmeisterschaft in der Schweiz; Österreich erreicht den 3. Platz.

20. 7. Die Wiener Kammeroper wird gegründet.
1. 9. Das Randgemeindengesetz tritt in Kraft. 80 der 97 „Randgemeinden", die 1938 zu „Groß-Wien" zusammengeschlossen worden waren, kehren nach Niederösterreich zurück. Wien hat nun 23 Bezirke.
1. 10. Der Bau des Donaukraftwerkes Ybbs-Persenbeug beginnt (Fertigstellung 1959).
19. 10. Herbert Tichy bezwingt den 8.189 m hohen Cho-Oyu im Himalaya, nahe dem Mount Everest.
1. 11. Dr. Heinrich Drimmel wird Unterrichtsminister.

1955

8. 2. In einer Rede deutet der russische Außenminister Molotow die Bereitschaft zum Abschluß des Österreichischen Staatsvertrags an.
11. 4. Eine Regierungsdelegation begibt sich nach Moskau: Bundeskanzler Julius Raab, Vizekanzler Adolf Schärf, Außenminister Leopold Figl und Staatssekretär Bruno Kreisky.
24. 4. Alfred Polgar, Schriftsteller und Kritiker, stirbt in Zürich (geboren 17. 10. 1873 in Wien).
15. 5. Unterzeichnung des Österreichischen Staatsvertrags im Marmorsaal des Schlosses Belvedere in Wien durch die Außenminister Antoine Pinay (Frankreich), Harold Macmillan (Großbritannien), Wjatscheslaw Molotow (Rußland), John Foster Dulles (USA), Leopold Figl (Österreich).
26. 5. Auf dem Flugplatz Wien-Schwechat landet das erste österreichische Flugzeug seit 1945.
28. 5. ÖVP und SPÖ sind für die allgemeine Wehrpflicht als Grundlage des Bundesheeres.
4. 6. In Wiener Neustadt trifft der erste größere Heimkehrertransport gemäß den Moskauer Verhandlungen ein.
7. 6. Der Nationalrat nimmt den Staatsvertrag und die Neutralitätserklärung einstimmig an.
27. 7. Der Staatsvertrag tritt in Kraft, die letzte Sitzung des Alliierten Rates findet statt.
31. 7. Tagesbefehl des sowjetischen Verteidigungsministers: Bis 1. Oktober wird der letzte russische Soldat Österreich verlassen haben.
1. 8. Die erste österreichische Fernsehsendung wird von den Sendern Wien-Kahlenberg, Graz-Schöckl und Linz-Freinberg ausgestrahlt.
13. 8. Feierliche Übergabe der USIA-Betriebe, der DDSG und der russischen Mineralölverwaltung.
9. 10. Kardinal Theodor Innitzer, Erzbischof von Wien, stirbt in Wien (geboren 25. 12. 1875 in Weipert/Böhmen).

Unterrichtsminister Heinrich Drimmel

15. 10. Die erste Vorstellung im wiederaufgebauten Burgtheater mit Franz Grillparzers „König Ottokars Glück und Ende".
25. 10. Festakt in der Spanischen Reitschule anläßlich der Rückkehr der Lipizzaner in die Stallungen der Hofburg.
26. 10. Der letzte ausländische Besatzungssoldat verläßt Österreich. Der 26. Oktober wird zum „Tag der Fahne" (ab 1965 Nationalfeiertag) erklärt.
Der Nationalrat verabschiedet das Bundesverfassungsgesetz über die Neutralität Österreichs.
3. 11. Konstituierende Sitzung der FPÖ.
5. 11. Feierliche Eröffnung der wiederaufgebauten Staatsoper mit Beethovens „Fidelio".

1956

Der Wiener Kunstkritiker Johann Muschik formuliert den Begriff „Wiener Schule des phantastischen Realismus".
7. 1. Beim Lauberhornrennen in Wengen/Schweiz belegen die österreichischen Skiläufer die ersten drei Plätze in der Abfahrt (1. Toni Sailer, 2. Josl Rieder, 3. Othmar Schneider).
26. 1. – 5. 2. VII. Olympische Winterspiele in Cortina d'Ampezzo (Südtirol). Österreich: 4 Gold-, 4 Silber- und 3 Bronzemedaillen.
9. 2. Erstmals seit 18 Jahren gibt es wieder einen Opernball.
14. 4. Das Gebäude der Wiener Börse wird durch einen Großbrand schwer beschädigt.
16. 4. Außenminister Figl und Staatssekretär Kreisky hinterlegen in Straßburg die Urkunde über den Beitritt Österreichs zum Europarat.

Schloß Belvedere, in dem am 15. Mai 1955 der Österreichische Staatsvertrag unterzeichnet wird.

7. 5. Josef Hoffmann, Architekt und Mitbegründer der „Wiener Werkstätte", stirbt in Wien (geboren 15. 12. 1870 in Pirnitz/Mähren).
9. 5. Franz König wird zum Erzbischof von Wien ernannt.
13. 5. Nationalratswahlen. Mandatsergebnis: ÖVP 82, SPÖ 74, FPÖ 6, KPÖ 3. Im Anschluß Bildung des Kabinetts Raab II.
28. 5. Erste Musterung für das Bundesheer (Jahrgang 1937).
13. 6. Herbert von Karajan wird künstlerischer Leiter der Wiener Staatsoper.
Oktober. Flüchtlingswelle in der Folge des Aufstands in Ungarn.
22. 10. Die Atomenergiebehörde beschließt, in Wien eine Behörde für friedliche Nutzung der Atomenergie einzurichten.

1957

1. 1. Das österreichische Fernsehen beginnt, regelmäßig Sendungen auszustrahlen.
4. 1. Bundespräsident Körner stirbt in Wien (geboren 24. 4. 1873 in Komorn/Ungarn).
12. 3. Die „Paritätische Kommission" für Lohn- und Preisfragen wird gebildet.
4. 4. Die Austrian Airlines werden (als Nachfolger der ÖLAG) neu konstituiert.
5. 5. Vizekanzler Adolf Schärf wird zum Bundespräsidenten gewählt.
8. 5. Bruno Pittermann wird zum Vizekanzler ernannt, außerdem wird er auch Vorsitzender der SPÖ.
27. 6. Hermann Buhl stürzt am Chogolisa im Karakorum tödlich ab (geboren 21. 9. 1924).
30. 9. Der Bahnbetrieb auf der Salzkammergutlokalbahn (Salzburg–Bad Ischl) wird eingestellt.
12. 11. Hans Tschiggfrey wird Landeshauptmann von Tirol (bis 30. 6. 1963).
13. 12. Österreich unterzeichnet die Europäische Konvention zum Schutze der Menschenrechte.

1958

2. – 9. 2. Skiweltmeisterschaften in Badgastein. Die Herren gewinnen alle alpinen Disziplinen.

Im März 1958 startet auf der Fluglinie Wien–London die erste Maschine der AUA.

21. 2. Otto Habsburg-Lothringen leistet seine erste Verzichtserklärung.
12. – 26. 3. Um die Zeitung „Bild-Telegraf" bricht der „Wiener Zeitungskrieg" aus.
30. 3. Eröffnung der ersten AUA-Fluglinie: Wien–London.
26. 4. Das Autobahnteilstück Salzburg–Mondsee wird dem Verkehr übergeben.
9. 5. Im unteren Belvedere in Wien wird das Österreichische Barockmuseum eröffnet.
8. 6. Erzbischof Franz König eröffnet den Wiener Katholikentag; Schlußkundgebung ist am 15. 5.
18. 6. Raoul Maria Aslan, Schauspieler und von 1945-1948 Direktor des Burgtheaters, stirbt in Seewalchen am Attersee (geboren 16. 10. 1886 in Saloniki).

Eröffnung des Autobahnteilstücks Salzburg–Mondsee im April 1958

21. 6. Die vom Architekten Roland Rainer errichtete Wiener Stadthalle wird eröffnet.
28. 7. Die drei neuen Bronzetore des Salzburger Domes von Bildhauer Giacomo Manzù werden eingeweiht.
21. 9. Im Wiener Volkstheater findet die Uraufführung von „Blanka von Kastilien" von Franz Grillparzer statt.
14. 12. Die wiederaufgebaute Militärakademie in Wr. Neustadt (Niederösterreich) wird feierlich eröffnet.
17. 12. Franz König empfängt in der Peterskirche in Rom aus der Hand Papst Johannes' XXIII. das Kardinalsbirett und die Mozetta.
Der Klarinettist Fatty George eröffnet am Petersplatz in Wien sein Lokal „Fatty's Saloon", das bedeutendste Wiener Jazzlokal der Nachkriegszeit.

1959

22. 2. Louis Armstrong gastiert in der Wiener Stadthalle.
3. 4. Das Tauernkraftwerk Schwarzach (Salzburg) wird seiner Bestimmung übergeben.
11. 4. Die „Kronen-Zeitung" (1944 eingestellt) erscheint wieder unter dem Titel „Illustrierte Kronen-Zeitung". Chefredakteur ist Hans Dichand.
30. 4. Der Salzburger Dom wird nach 15jähriger Wiederaufbauarbeit feierlich eröffnet.
Mai bis Oktober. Ausstellung „Gotik in Niederösterreich" in der ehemaligen Minoritenkirche in Krems an der Donau.
10. 5. Nationalratswahl. Mandatsergebnisse: ÖVP 79, SPÖ 78, FPÖ 8. Die Koalitionsregierung wird bestätigt, Bildung des Kabinetts Raab III.
28. 6. Hermann Leopoldi (eigentl. Ferdinand Kohn), Komponist und Klavierhumorist, stirbt in Wien (geboren 15. 8. 1888 in Wien).
20. 8. Alfred Kubin, Zeichner, stirbt in Zwickledt bei Schärding/Oberösterreich (geboren 10. 4. 1877 in Leitmeritz/Böhmen).
29. 8. Der „Schatz vom Toplitzsee" wird der Sicherheitsdirektion in Graz übergeben.
22. 9. Joseph Matthias Hauer, Komponist und Musiktheoretiker, stirbt in Wien (geboren 19. 3. 1883 in Wiener Neustadt).
2. 10. Herbert Keßler wird Landeshauptmann von Vorarlberg (bis 9. 7. 1987).
20. 10. Werner Krauss, Kammerschauspieler, stirbt in Wien (geboren 23. 6. 1884 in Gestungshausen/Niederbayern).

Die sechziger Jahre (1960–69)

Anläßlich seines Staatsbesuches im Juli 1960 schloß der sowjetische Gast Nikita Chruschtschow mit dem niederösterreichischen Landeshauptmann Leopold Figl auf dessen Bauernhof in Rust im Tullnerfeld eine denkwürdige Wette ab: Er wettete eine Sau, daß das sowjetische Saatgut für Kukuruz (Mais) zehnmal besser sei als das bisher verwendete österreichische. Im Jahr darauf wurde diese als „Sau-" oder „Kukuruzwette" berühmt gewordene und viel kommentierte Wette amtlich entschieden. Der abgeerntete Mais wurde in der Bundesanstalt für Pflanzenbau einer genauen Prüfung unterzogen. Ergebnis: Das sowjetische Saatgut hatte hinsichtlich des Ertrags im Vergleich sogar schlechter abgeschnitten. Figl bekam das Schwein.

1960 erhielten Oskar Kokoschka und Marc Chagall gemeinsam den Erasmuspreis. Vor der Verleihung stand man im Audienzsaal des Schlosses Charlottenborg beisammen, das Sektglas in der Hand: Marc Chagall und Frau Wawa, O. K. und Frau Olda sowie einige ausgewählte Zelebritäten. Prinz Philip von England eröffnete das Gespräch, indem er sich an O. K. mit der Frage wandte, wieviele Bilder er denn so im Jahr male? Kokoschka antwortete mürrisch: „So Stücker zwei bis drei!" Prinz Philip: „Das ist aber nicht viel!" Kokoschka, mit dem Daumen auf Chagall deutend: „Jaja, fliegende Esel mal'n is leichter!"

Gemeinsam mit Alexander Lernet-Holenia gründete Friedrich Torberg die Monatszeitschrift „Forum", die er zu Österreichs aufregendstem, geistvollstem Periodikum machte. Zwölf Jahre lang stritt er darin gegen Kommunismus und Unbegabtheit und machte Jagd auf die, wie er sie nannte, „Brechtokokken". Eines Morgens sagte er zu Günther Nenning, der in der Redaktion einen rosaroten Kurs steuerte: „Ich habe heute beim Frühstück das ‚Forum' gelesen. Das bin nicht mehr ich, das sind Sie. Machen Sie's weiter." Und nach seinem Rückzug: „Das ‚Neue Forum' ist die Zeitschrift, zu deren Bekämpfung das alte ‚Forum' gegründet wurde."

Das Fall Habsburg wurde zu einer regelrechten Dauerbelastung für die große Koalition. Otto Habsburg, Sohn des letzten Kaisers von Österreich und seit dem Landesverweis laut Habsburger-Gesetz vom 3. April 1919 im Exil lebend, hatte sich schließlich in Bayern niedergelassen. Anfang der sechziger Jahre wollte er nach Österreich zurückkehren. Die Emotionen wogten quer durch die Parteien, darum gab es überraschende Kontakte zwischen Pittermann und Broda mit Unterhändlern des Kaisersprosses. Pittermann: „Ich werde es mir überlegen, ob ich nicht doch Raab etwas zu Fleiß mache und den Dr. Habsburg hereinlasse!"

Im Jahre 1966 schlug der großen Koalition der Nachkriegszeit und des Wiederaufbaus das letzte Stündchen. Die ÖVP errang unter ihrem Spitzenkandidaten Dr. Josef Klaus die absolute Mehrheit und konnte allein regieren. Bundeskanzler Klaus, in Kärnten geboren und vor seiner Berufung zum Finanzminister Salzburger Landeshauptmann, folgte seinem Mentor Alfons Gorbach, dem aus Tirol gebürtigen Steirer, im Amt. Klaus war von seinen Aufgaben als Staatsmann geradezu missionarisch überzeugt. Wohl zur Vorbeugung hängte seine Frau ein Bild von Mahatma Gandhi über dem Schreibtisch in seinem Arbeitszimmer auf. Es sollte Klaus an die Bescheidenheit erinnern.

1967 wurde Bruno Kreisky vom SPÖ-Bundesparteitag als Nachfolger von Bruno Pittermann zum SPÖ-Parteivorsitzenden gewählt. Bei einer Abendgesellschaft erzählte Kreisky, er habe es in seiner politischen Laufbahn nicht leicht gehabt, da er nicht Karten spielen könne, wo doch die sozialistischen Gewerkschafter so gerne schnapsen. „Aber einen Trost habe ich", setzte der Kanzler fort, „der Pittermann konnte gut schnapsen, aber auch das hat ihm nichts genützt!"

Anton Benya, der Nachfolger des gestürzten ÖGB-Präsidenten Franz Olah, und der Gewerkschafter Dr. Heinz Kienzl nahmen an einer Konferenz des Internationalen Bundes Freier Gewerkschaften in Holland teil. Die Tagung war früher zu Ende als erwartet, und so beschlossen sie, auf ihren erst zehn Stunden später gebuchten Flug zu verzichten und das Angebot des Kollegen Dr. Heribert Mayer anzunehmen, in seinem Auto die Rückreise anzutreten. Nach dem Passieren der belgisch-holländischen Grenze wurde Benya nervös und übernahm das Steuer. Kienzl setzte sich nach hinten und schlief ein. Als er aufwachte, war man schon weit in Österreich. Noch schlaftrunken fragte Kienzl verwundert, wie man ihn denn durch den Zoll gebracht habe. „Ganz einfach", meinte Benya, „wir haben gesagt, da hinten liegt nur ein Binkl Fetzen!"

Der Wiener Bürgermeister Franz Jonas, der seinem Vorgänger im Rathaus, Theodor Körner, schließlich auch im Bundespräsidentenamt nachfolgen sollte, war ein bei der Beamtenschaft gefürchtetes Stadtoberhaupt, dessen Pedanterie an Kaiser Franz Joseph erinnerte. Morgens stand er oft schon ab sieben Uhr vor dem Rathaus und kontrollierte mit strengem Blick auf seine Armbanduhr die Ankunftszeiten seiner Mitarbeiter. Bald war so die Sitte des gewohnheitsmäßigen Zuspätkommens abgestellt. Noch mehr fürchteten die Rathausjuristen und leitenden Beamten jedoch die unerbittlichen Deutschkenntnisse des gelernten Korrektors Jonas, der es sich nicht nehmen ließ, die grammatikalischen Verstöße und Beistrichfehler auf den Vorlagen seiner graduierten Mitarbeiter eigenhändig und mit Rotstift auszubessern.

1968 wurde der aufsehenerregende Bau des Rehabilitationszentrums für Gehirngeschädigte in Wien-Meidling feierlich eröffnet. Am nächsten Tag wurden in der „AZ" die Namen sämtlicher anwesender SPÖ-Mandatare genannt, sogar auch die der zum Festakt erschienenen politischen Gegner aus der ÖVP. Vergeblich aber suchte man einen Hinweis auf Gustav Peichl, den Architekten und damit Schöpfer des gefeierten Bauwerks.

Wer in der Forschung was zählen will in Europa, muß bekanntlich ein Jahr in Amerika verbracht haben. Als im „Stiegl" einmal die Rede darauf kam, sagte der Tiroler Landeshauptmann Eduard Wallnöfer: „Ich woaß, daß jeder nach Amerika fahren muß, i hob aber bis jetzt no koan kenneng'lernt, der g'scheiter z'ruckkemmen isch."

DAS ENDE EINER ÄRA

Nahezu jedes Jahr gibt es in der großen Koalition einen Budgetkrach mit begleitender Regierungskrise. Doch anno 1960 ist es ganz besonders dramatisch: Julius Raab und Bruno Pittermann befinden sich im Sturzflug. Raab wird sehr bald das Handtuch werfen, zuerst als Bundesparteiobmann der ÖVP (Februar 1960), dann als Bundeskanzler (April 1961).

GROSSER STAATSMANN MIT KLEINEN VORLIEBEN

Julius Raab, der bärbeißige Niederösterreicher im Kanzleramt, muß immer wieder ausländische Staatsgäste in Wien begrüßen. Raab, die „Beamtenforelle" – seine geliebte Knackwurst – auf österreichisch und auf japanisch mit Stäbchen essend: eine kulinarische Vision des Karikaturisten.

In den fünfziger Jahren fährt Raab eines Abends mit dem damaligen Staatssekretär Kreisky – beide wohnen in Döbling – im Auto nach Hause. Meint plötzlich Raab: „Der Schärf hat's gut. Der hat Leut' wie Sie in der Partei." Darauf Kreisky: „Aber Sie haben doch auch den Drimmel." Kurze Pause, dann wieder Raab: „Der erzählt den Leuten zuviel, dann fangen's zu denken an und denken gegen ihn ..."

DAS NEUE ÖVP-TEAM VOR DEM ANPFIFF

Die ÖVP hat ab April 1961 eine neue Regierungsmannschaft unter Bundeskanzler Alfons Gorbach, mit der sie den Sozis unter Bruno Pittermann so manches Tor schießen möchte. Von Gorbach und Pittermann stammen übrigens zwei schöne und immer noch (schon wieder?) aktuelle Definitionen des Begriffes Koalition. „Die Koalition", sagt Gorbach, „ist eine Firma, deren Bücher nicht stimmen, weil die Teilnehmer die Verluste des Kompagnons jeweils als ihre Gewinne verbuchen." Pittermann definiert etwas freundlicher: „Die Koalition ist eine Ehe, in der man sich über das Wirtschaftsgeld einigt, aber um das Körberlgeld streitet."

V.l.n.r.: Alfons Gorbach, Fritz Bock, Eduard Hartmann, Heinrich Drimmel, Ludwig Steiner, Josef Klaus, Otto Kranzlmayr und Karl Schleinzer.

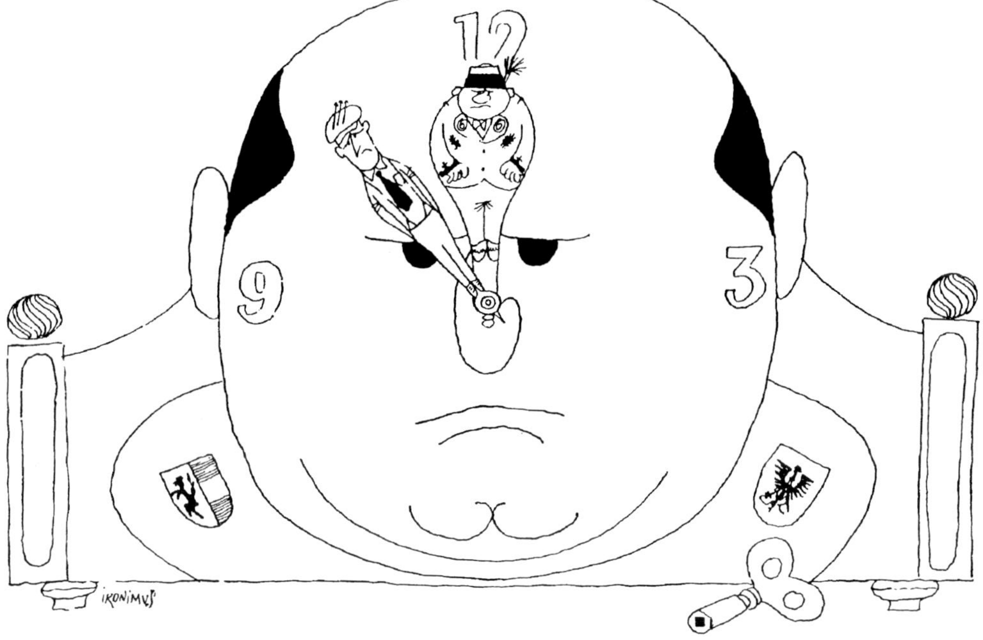

SENKRECHTSTARTER AUS SALZBURG

Josef Klaus zeigt zum ersten Mal seine Qualitäten: Er bringt – fünf vor zwölf – nach schweren Krisen das neue Budget 1961 über die Hürden und erweist sich als eiserner Sparmeister. Er ist, wie sich später im Bundeskanzleramt zeigen wird, auch ein Mann eiserner Grundsätze.

DAS HABSBURG-TRAUMA

SPÖ-Chef Bruno Pittermann auf der Couch des Psychiaters, um sein Habsburg-Trauma behandeln zu lassen. So sieht der Karikaturist gegen Ende der fünfziger Jahre die Situation an der Spitze des kleineren Regierungspartners angesichts der Ängste der Sozialisten vor einer Rückkehr Otto Habsburgs nach Österreich. Im rechten Bild Bruno Pittermann (rechts) und Karl Waldbrunner, die starken Männer der SPÖ, unter dem Parteiemblem mit den drei Pfeilen.

FIRMUNGSSAISON IN WIEN

John F. Kennedy und Nikita Chruschtschow treffen einander in Wien. Zwischen Steffl und Riesenrad bringt der amerikanische Präsident die Kubakrise zur Sprache, worauf der Kremlherr die Friedenstaube freiläßt.
Jackie Kennedy (gegenüberliegende Seite) bezaubert mit ihrem Charme nicht nur die Festgäste beim Empfang in Schloß Schönbrunn, sondern auch Nikita Chruschtschow und Bundespräsident Schärf (rechts im Bild).

GROSSE ÖSTERREICH-DARSTELLER

„Der Herr Karl" (unten), 1961 als TV-Produktion ausgestrahlt, ruft einen Sturm der Entrüstung hervor.
Helmut Qualtinger interpretiert die Lebensbeichte eines opportunistischen Kleinbürgers so unübertrefflich,
daß diese Figur zum Bild einer bestimmten Spezies des Österreichers wird.
Franz Molnárs urwienerisches Stück „Liliom" in einer Jahrhundertaufführung des Burgtheaters (gegenüberliegende Seite):
Hans Moser spielt, ein Jahr vor seinem Tod, den „Himmlischen Polizeikonzipienten", Josef Meinrad den Hutschenschleuderer;
und beide zusammen machen die Aufführung zu einer unvergeßlichen Sternstunde des Theaters.

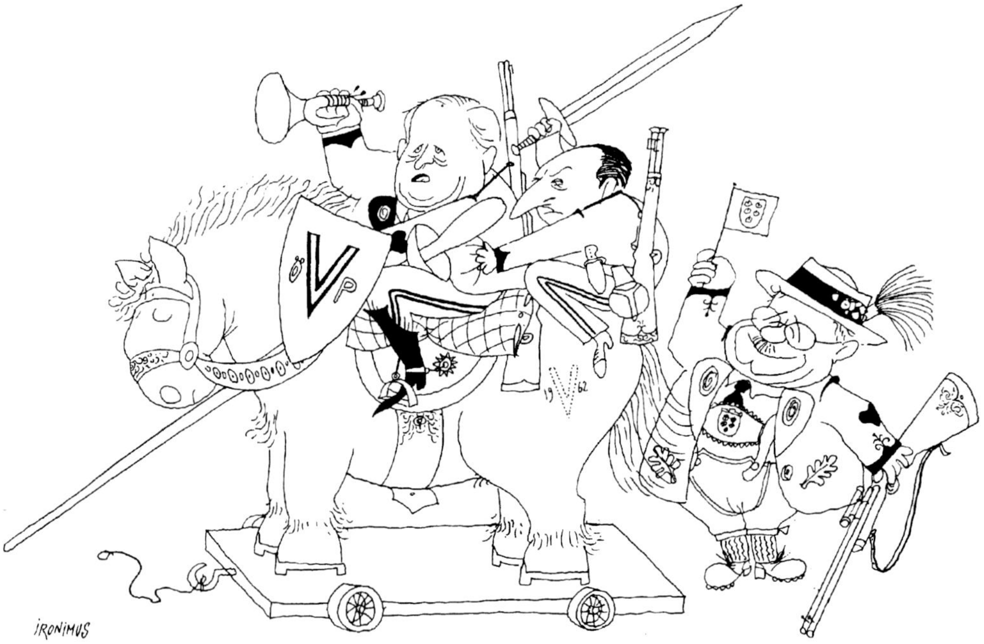

AUF, AUF KAMERADEN – AUFS PFERD, AUFS PFERD INS FELD, IN DEN WAHLKAMPF GEZOGEN...

Alfons Gorbach, Alfred Maleta, Leopold Figl und all die anderen ÖVP-Granden ziehen in den Wahlkampf. Jagd gemacht wird vor allem auf das Außenministerium unter dem Sozialisten Bruno Kreisky, das man für die Volkspartei zurückerobern möchte. Es soll anders kommen.

EIN NIEDERÖSTERREICHISCHES JUWEL FEIERT GEBURTSTAG

Leopold Figl, ehemaliger Bundeskanzler und Außenmininster, feiert 1962 einen runden Geburtstag und wird Landeshauptmann von Niederösterreich. Über kaum einen Politiker der Zweiten Republik kursieren so viele Anekdoten und Witze wie über ihn – ein Beweis für seine große Beliebtheit. Ein Beispiel gefällig?

Staatsempfang im Außenamt. Gegen Ende der Veranstaltung sagt Figl zu Bruno Kreisky gewandt: „Was wissen Sie schon von Ihrer Partei? Ich war immerhin mit Baron Eifler, dem Führer des republikanischen Schutzbundes, und Chefredakteur Austerlitz von der Arbeiterzeitung im KZ." Kreisky darauf halblaut: „Austerlitz war damals schon längst tot." Figl läßt nicht locker und blickt sich triumphierend in der Runde um: „No, was hab ich g'sagt: Was weiß der Kreisky schon von seiner Partei?"

DIE KUNST DES 20. JAHRHUNDERTS

Aufwachen heißt es für manche kleinbürgerliche Landsleute, die aus Staatsvertrags-Idylle und Gartenzwerg-Ambiente durch die moderne Kunst in den sechziger Jahren aufgeschreckt bzw. verschreckt werden. Im Bild links die Fassade des 1962 eröffneten Museums des 20. Jahrhunderts im Wiener Schweizergarten, das im Volksmund bald liebevoll „Zwanzgerhaus" genannt wird und den Nachholbedarf der Österreicher nach der Avantgarde der letzten Jahrzehnte stillen will.

EINGEFROREN

Nach der Nationalratswahl 1963 tobt der Koalitionskrieg um Kompetenzen und Positionen. Allen Unkenrufen zum Trotz behauptet sich der Sozialist Bruno Kreisky im Außenministerium – nicht zuletzt deshalb, weil sich in der SPÖ Franz Olah für ihn ins Zeug legt, was letztlich den Weg für den Aufstieg des Außenministers zum Oppositionsführer und Bundeskanzler frei macht. Das erklärt aber auch die spätere Unterstützung Olahs durch Kreisky innerhalb seiner Partei.

Im rechten Bild stehen einander die Koalitionspartner und -widersacher Bruno Pittermann (links) und Alfons Gorbach – wie so oft in den Jahren 1961–1964 – mit nachdenklicher Miene gegenüber.

WER IST DER STARKE MANN AM BALLHAUSPLATZ ?

Josef Klaus, von 1961–1963 Finanzminister, wird nach der Demission von Alfons Gorbach im Februar 1964 neuer Bundeskanzler. Der Koalitionspartner von Klaus, SPÖ-Vizekanzler Bruno Pittermann, spielt in der neuen Regierung bald eher die Rolle eines Oppositionsführers. Endzeitstimmung am Wiener Ballhausplatz.

WIENS BÜRGERMEISTER WIRD BUNDESPRÄSIDENT

Franz Jonas, populärer Wiener SPÖ-Bürgermeister seit 1951, behauptet sich bei der Gemeinderatswahl 1964.
Als Szepter schwingt er den anläßlich der Wiener Internationalen Gartenbauausstellung 1964 im Donaupark errichteten Donauturm.
Doch sein ÖVP-Widerpart Heinrich Drimmel, der vielleicht intellektuellste Politiker der Volkspartei in der Nachkriegszeit,
kommt auf immerhin 35 von 100 Mandaten.
Franz Jonas wird 1965, nach Adolf Schärfs Tod, der Kandidat der SPÖ für die Bundespräsidentenwahl.
Das Bild auf der gegenüberliegenden Seite zeigt ihn beim Mai-Aufmarsch vor dem Wiener Rathaus; obwohl noch nicht gewählt,
wird er bereits als vierter Sozialist im höchsten Amt des Staates gefeiert.

RENNER
KÖR
SCHÄRF

DIE ERSTEN NOTEN FÜR DEN UNTERRICHTSMINISTER

Theodor Piffl-Perčević, der gebürtige Südtiroler, als ÖVP-Unterrichtsminister. Wie jeder Ressortchef vor und nach ihm – schließlich ist der Unterrichtsminister auch für die Bundestheater zuständig – plagen ihn Intrigen rund um die Direktion der Wiener Staatsoper. Was heute Peymann in der Burg, war einst Karajan in der Oper – ein Sorgenkind der Politik, weil steter Anlaß für öffentliche Kontroversen.

Egon Hilbert (gegenüberliegende Seite rechts), seit 1963 Herbert von Karajans Co-Direktor an der Wiener Staatsoper, ist bekümmert, der Skandal ist perfekt: Der Maestro legt im Mai 1964 verstimmt die künstlerische Leitung des Hauses am Ring zurück.

DIE LITERATEN DER „WIENER GRUPPE“

Die „Wiener Gruppe“, die in den fünfziger Jahren mit ihren Sprachexperimenten die Literatur-Avantgarde in Österreich vertritt, löst sich nach dem Selbstmord von Konrad Bayer 1964 auf. Die ehemaligen Freunde gehen fortan getrennte Wege. V.l.n.r.: Konrad Bayer, H.C. Artmann, Gerhard Rühm, Friedrich Achleitner und Oswald Wiener im Künstler-Café Hawelka.

AVANTGARDE DER SECHZIGER JAHRE

Sechs Männer und eine Frau – ein photographiertes Segment des Aufbruchs der Wiener Szene nach 1968.
25 Jahre später: Manche leben im Exil, manche wurden berühmt, ja sogar in Österreich – und einer erfand so nebenbei das Wiener Nachtcafé- und Beisel-Leben neu.
V.l.n.r.: Walter Pichler, Ernst Graf, Ingrid und Oswald Wiener, Christian Ludwig Attersee, Kurt Kalb und Dominik Steiger.

REPUBLIK
ÖSTERREICH
SALZBURG
1
600

DIE HABSBURG-MAUER

Soll er nach Österreich zurückkehren dürfen oder nicht? Die Rede ist von Otto Habsburg, dem Sohn des letzten Kaisers (im Bild links an der österreichisch-bayerischen Grenze). Die Sozialisten sehen in ihm ein Feindbild, das für Restauration steht. Die drei roten Pfeile werden gegen den Kaisersproß gerichtet, der durch öffentliches Träumen über eine politische Funktion in Österreich seinen Gegnern Vorschub leistet.

DROHENDE SONNENFINSTERNIS

Zwischen Franz Olah, dem populären Gewerkschafter sowie Innenminister, und Bruno Pittermann, dem SPÖ-Vorsitzenden, kriselt es. Olah werden machtpolitische Ambitionen auf die Nummer 1 in der Partei nachgesagt. Er steht für eine Öffnung der SPÖ in Richtung Kirche und FPÖ. Damit ist Olah – historisch betrachtet – ein Vorläufer des Kreisky-Kurses. Nicht zufällig steht Bruno Kreisky in diesem parteiinternen Konflikt, der 1964 mit den Ausschluß Olahs aus der SPÖ endet, auf Seiten Olahs.

SPÖ
IRONIMUS

DIE HELDEN VON FUSSACH

Im November 1965 soll ein neues Bodenseeschiff getauft werden – nichts schwieriger als das! Verkehrsminister Otto Probst, fürderhin „Propst von Fußach" genannt, hat sich über den Wunsch des Landes, das Schiff „Vorarlberg" zu nennen, hinweggesetzt; er will es „Karl Renner" taufen. Eine Demonstration von rund 20.000 Personen verhindert die Taufe – der Staatsakt in der Fußacher Werft muß abgesagt werden.

SCHMUTZIGE WÄSCHE

Der Streit um antisemitische Äußerungen von Universitätsprofessor Taras Borodajkewycz holt vergessen geglaubte Gespenster aus der gutverdrängten Vergangenheit wieder in die innenpolitische Diskussion. Rote und Schwarze waschen Schmutzwäsche. „Stoppt das braune Gift": Demonstrationen gegen Borodajkewycz und seine nationalsozialistischen Äußerungen und Gegendemonstrationen seiner Anhänger führen zum ersten politischen Totschlag der Zweiten Republik.

Bekämpft
das
braune GIFT

HAT IHN DER KLAUS GESCHLAGEN...

Vorbei der Traum von der Kanzlerschaft, vorbei auch die Jahre der Regierungsbeteiligung. „Napoleon" Pittermann hat nicht nur eine Schlacht, sondern den Krieg verloren.

ROT-WEISS-ROT ZUR SEE

Josef Klaus, der erfolgreiche Steuermann, drängt 1966 den bisherigen Koalitionspartner SPÖ nach 20 Jahren in die Opposition. Er führt fortan das Staatsschiff mit seiner Volkspartei allein. Ein Experiment nach zwei Jahrzehnten großer Koalition.

DAS GROSSE SPIEL

Nach der Verdrängung in die Opposition geht es in der SPÖ um die Neuverteilung der Macht.
Bruno Kreisky scheint bessere Karten als Platzhirsch Bruno Pittermann zu haben.

SPÖ

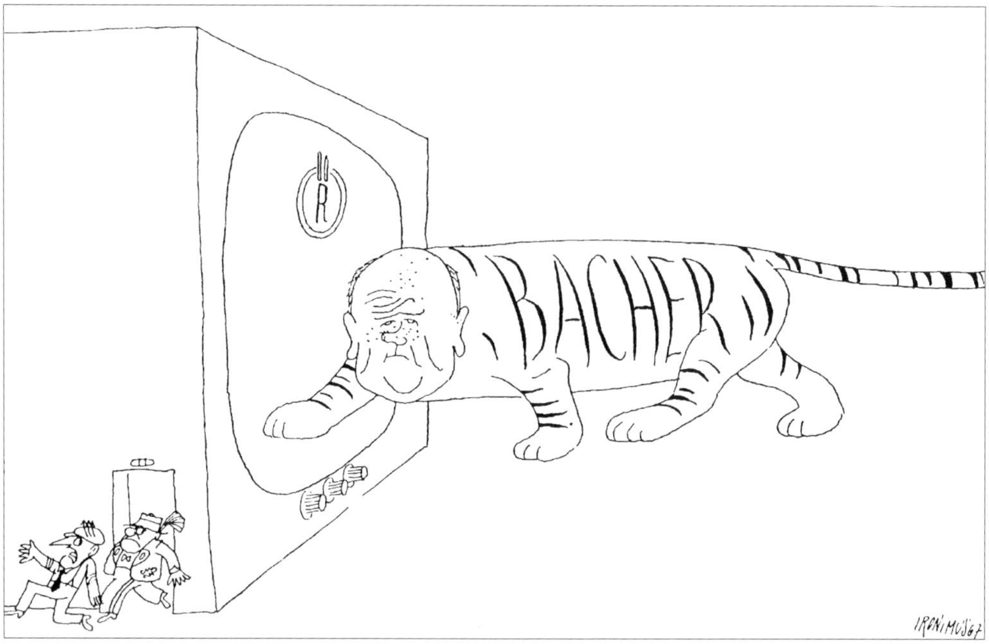

TU DEN TIGER IN DEN KASTEN !

Gerd Bacher, der ebenso energische wie schlaue Salzburger, wird nach dem ersten Volksbegehren der Zweiten Republik zum Generaldintendanten des aus dem Proporzrundfunk der Nachkriegszeit hervorgegangenen ORF bestellt. Der „Tiger" mausert sich zum Langzeit-Generalintendanten (1967–74, 1978–86 und 1990–94). Ungeachtet der Tatsache, daß der alles andere denn bequeme Bacher wiederholt im Mittelpunkt innenpolitischer Kontroversen steht, gelingt es ihm, dem ORF vor allem durch die qualitative und quantitative Aufwertung der Information in Radio und Fernsehen internationale Anerkennung zu verschaffen.

In den ersten Jahren seiner Amtsführung geht Bacher im Zuge seiner Reformbestrebungen kaum einer Kontroverse mit dem Betriebsrat aus dem Weg. Bei einer Unterredung mit Gewerkschaftsvertretern im Wiener ORF-Zentrum gibt der „Tiger" einmal gleich zu Beginn der Sitzung folgende Warnung ab: „Meine Herren, ich bin heute so geladen, daß ich Sie vorbeugend schon jetzt darauf aufmerksam machen möchte, daß Sie es mir nicht übel nehmen sollten, wenn mir im Verlaufe des Gesprächs das Götz-Zitat herausrutschen sollte." Die Gewerkschafter nicken, beanspruchen dasselbe Recht aber auch für sich.

Die Ankündigung wird aber von beiden Seiten nicht wahrgemacht!

HUNDERTWASSERS PROTESTVORSCHLAG

Friedensreich Hundertwasser, der geniale Maler und Provokateur, wendet sich gegen gerade Linien und tritt für das Runde und Bunte ein. Zu diesem Zweck zieht er sich sogar öffentlich aus und erregt – wir schreiben das Jahre 1968 – Aufsehen mit seiner Aktion. Der Phantasie des Karikaturisten, der sich Hundertwassers Vorschlag zu Herzen nimmt, sind keine Grenzen gesetzt. V.l.n.r.: Bruno Kreisky, Friedensreich Hundertwasser, Josef Klaus.

ÖSTERREICH 3

Der „eiserne" Hermann Withalm als ÖVP-Generalsekretär und Bundeskanzler Josef Klaus: der eine schlägt auf die Parteipauke, der andere bläst staatsmännisch die Melodie. Doch die vordergründige Eintracht täuscht. So mancher Mißklang kommt auf, und das Gerede von einer „Hofübergabe" von Klaus an Withalm in Kanzleramt und Parteivorsitz schadet der ÖVP.

Viel Lärm um nichts
REN-PLAN
der
Koren
plan

VIELE OFFENE MÄULER UND WENIG MONETEN

Als neuer Finanzminister ergreift Stefan Koren 1968 mit seinem „Koren-Plan" (gegenüberliegende Seite), der u.a. auch eine 10prozentige Besteuerung der Politikerbezüge vorsieht, wirtschaftspolitische Maßnahmen gegen das Budgetdefizit. Der Wirtschaftsprofessor ringt 1969 angesichts des bevorstehenden Wahljahres um ein Budget, das den verschiedenen Interessen halbwegs Rechnung trägt. Viel Lärm um nichts?

DIE QUEEN IN WIEN

Irgendwie scheint den Österreichern doch der Kaiser zu fehlen. Und so nützt die Republik jede Gelegenheit, ausländischen Monarchen auf Staatsbesuch in Österreich zu huldigen. 1969 ist es die englische Königin Elizabeth II. Sie wird am Flughafen Schwechat von Bundespräsident Jonas, Bundeskanzler Klaus und Regierungsmitgliedern begrüßt (gegenüberliegende Seite).

DER DUFT DER HEILEN WELT

Und das sollen die Österreicher glauben? Josef Klaus verspricht nach vielen Krisen in seiner ÖVP-Alleinregierung rechtzeitig vor der nächsten Nationalratswahl alles, was gut und vor allem teuer ist. Selbstbeweihräucherung ist angesagt.

JUGEND VORAN

Ein politisches Baby kommt 1969 zur Welt, das es noch weit bringen soll auf der Karriereleiter.
Alois Mock heißt der neue Unterrichtsminister aus der Riege des Josef Klaus. Die Zahl 13 auf dem Luftballon bezieht sich auf den Streit um die Einführung eines zusätzlichen Schuljahres.

STURM AUF DIE HOCHBURG

Seit 1966 ist der populäre Politiker Andreas Maurer Landeshauptmann in der ÖVP-Hochburg Niederösterreich. Auch 1969 gelingt es den Sozialisten nicht, seinen Einfluß zu gefährden: er verliert schließlich nur ein einziges Mandat.
Was er, Kreisky, dazu meine, daß Landeshauptmann Maurer bei der Nationalratswahl verspätet mit der Auszählung der Wahlkartenstimmen begonnen habe, will man vom neuen Kanzler wissen. „Maurer ist vielleicht ein bisserl schlecht aufgelegt, weil er in seiner Heimatgemeinde die Mehrheit an die von mir geführte Liste verloren hat", sagt Kreisky. „Das ist begreiflich. Ich würde mich darüber auch wahnsinnig giften!"
Maurer bleibt bis 1981 im Amt.

KURS ZUKUNFT

Ganz auf Zukunftskurs trimmt Josef Klaus seine Volkspartei. Dazu paßt der modische Astronautendress. Aber wie kann das gutgehen mit den Antipoden Hermann Withalm und Alfred Maleta an den Flanken? Das fragt sich auch das eigene Fußvolk.

DAS GENERATIONENPROBLEM

Bruno Kreisky als Lead-Sänger der SPÖ: Eine neue Politik ohne die alten Parteimänner ist angesagt. Es scheint, daß der neue Parteivorsitzende die Gunst des Publikums und den Zeitgeist der siebziger Jahre treffen wird.

Chronik 1960–1969

1960

1. 1. Außenminister Bruno Kreisky unterzeichnet den EFTA-Vertrag.
12. 2. Führungswechsel in der ÖVP: Alfons Gorbach wird Bundesparteiobmann.
18. – 28. 2. VIII. Olympische Winterspiele in Squaw Valley (USA). Österreich gewinnt 1 Gold-, 2 Silber- und 3 Bronzemedaillen.
17. 6. Das neue Flughafengebäude in Schwechat wird seiner Bestimmung übergeben.
23. 6. Christian Broda (SPÖ) wird Justizminister.
30. 6. – 8. 7. Staatsbesuch des sowjetischen Ministerpräsidenten Nikita Chruschtschow.
12. 7. Bundeskanzler Raab wirft im Koalitionsausschuß die Frage nach der Rückstellung des Vermögens der Mitglieder des Hauses Habsburg-Lothringen auf. Vizekanzler Pittermann lehnt im Namen der SPÖ entschieden ab.
26. 7. Eröffnung des neuen großen Festspielhauses in Salzburg, erbaut nach den Plänen von Clemens Holzmeister.
26. 9. Die Vickers Viscount „Joseph Haydn" der AUA stürzt bei Krukowa in der Nähe von Moskau ab (30 Tote).

Das „Südtirol-Paket"

Leopold Figl und Erwin Schrödinger beim Europa-Forum Alpbach (um 1955).

29. 9. Das Reaktorzentrum in Seibersdorf (Niederösterreich) wird eröffnet.
30. 9. Vizekanzler Pittermann erklärt, daß die SPÖ keinem Mitglied des Hauses Habsburg die Zustimmung zur Rückkehr nach Österreich geben werde.
18. 10. Beginn der Südtiroldebatte des politischen Spezialausschusses der UNO. Gleichzeitig kommt es in Italien zu antiösterreichischen Demonstrationen.
3. 11. Die Regierung Raab IV wird unverändert angelobt. Inthronisation des ersten Bischofs der Diözese Burgenland, Dr. Stefan Laszlo.
31. 12. Der Jahresumsatz der VÖEST liegt bei über 6 Milliarden Schilling; der höchste Umsatz seit dem Bestehen.

1961

4. 1. Erwin Schrödinger, Physiker, stirbt in Wien (geboren 12. 8. 1887 in Wien).
27./28. 1. Die Südtirolverhandlungen scheitern an der Weigerung Italiens, Südtirol die Autonomie zu gewähren.
7./8. 2. Ein Großbrand zerstört die Deckengemälde im Festsaal der alten Universität in Wien.

24. 2. Fritz Imhoff (eigentl. Friedrich Jeschke), Filmkomiker, stirbt in Wien (geboren 6. 1. 1891).
11. 4. Das Kabinett Raab IV tritt zurück. Die Regierung Gorbach wird gebildet. Bundeskanzler Alfons Gorbach (ÖVP), Vizekanzler Bruno Pittermann (SPÖ), Äußeres Bruno Kreisky (SPÖ), Inneres Josef Afritsch (SPÖ).
17. 4. Hans Lechner wird Landeshauptmann von Salzburg (bis 20. 4. 1977).
3./4. 6. „Zweiergipfel in Wien" zwischen Chruschtschow und J. F. Kennedy.
5. 6. Loyalitätserklärung Otto Habsburgs (Verzicht auf Herrschaftsansprüche).
16. 9. Die Schottentorpassage in Wien wird eröffnet („Jonas-Reindl").
22. 9. Albin Skoda, Burgschauspieler, stirbt in Wien (geboren 29. 9. 1909 in Wien).
1. 10. Das Andreas-Hofer-Denkmal auf dem Bergisel bei Innsbruck wird gesprengt.
16. 10. Fritz Molden legt die Herausgeberschaft und Chefredakteurstätigkeit der „Presse" nieder.
23. 10. Der „Kukuruzwettstreit" zwischen Figl und Chruschtschow geht zugunsten Österreichs aus.
18. 12. Wolfgang Kraus ruft die „Österreichische Gesellschaft für Literatur" ins Leben.
30. 12. Die Olympiaschanze auf dem Bergisel bei Innsbruck wird eröffnet.

1962

21. 1. Der Niederösterreichische Landtag wählt einstimmig Leopold Figl zum Landeshauptmann (bis 9. 5. 1965).

Das gesprengte Andreas-Hofer-Denkmal

Nationalratspräsident Alfred Maleta

9. 2. Beginn des Südtirolprozesses in Rom gegen sieben aus Österreich und Deutschland stammende Angeklagte, die 1961 mehrere Anschläge verübt haben.
14. 2. Alfred Maleta wird zum Ersten Präsidenten des Nationalrats gewählt.
Februar. Skiweltmeisterschaften in Chamonix. Karl Schranz wird Weltmeister in der Herrenabfahrt und der alpinen Kombination.
18. 5. Die Gemeinde Wien ersteigert in München die Originalpartitur der „Fledermaus" von Johann Strauß um 146.000 DM.
28. 5. Das renovierte Theater an der Wien – es hatte bis Ende 1955 der Staatsoper als Ausweichquartier gedient – wird wiedereröffnet.
20. 9. Eröffnung des Museums des 20. Jahrhunderts im Wiener Schweizergarten. Es heißt bald im Volksmund „Zwanzgerhaus".
30. 9. Das SOS-Kinderdorf in Hinterbrühl bei Mödling (Niederösterreich) wird eröffnet.
18. 11. Nationalratswahl. Mandatsergebnisse: ÖVP 81, SPÖ 76, FPÖ 8.
23. 11. Bundespräsident Schärf betraut Alfons Gorbach mit der Bildung einer neuen Bundesregierung.

12. 12. Max Ferdinand Perutz erhält (gemeinsam mit dem Briten John C. Kendrew) den Nobelpreis für Chemie.

1963

Ende Jänner/Anfang Februar. Katastrophenwinter in ganz Österreich. Minus 28 Grad im Klagenfurter Becken.
28. 2. Die sowjetische Nachrichtenagentur TASS veröffentlicht eine warnende Erklärung zur Frage der Assoziierung Österreichs mit der EWG.
27. 3. Regierung Gorbach II gebildet. Bundeskanzler Gorbach (ÖVP), Vizekanzler Pittermann (SPÖ), Äußeres Bruno Kreisky (SPÖ), Inneres Franz Olah (SPÖ).
28. 4. Bundespräsidentenwahl. Adolf Schärf wird wiedergewählt.
13. 6. Andreas Urteil, Bildhauer, stirbt in Wien (geboren 19. 1. 1933 in Gakovo).
3. 7. In Brüssel finden erste informative Gespräche Österreichs mit der EWG statt.
13. 7. Eduard Wallnöfer wird Landeshauptmann von Tirol (bis 2. 3. 1987).
Anfang August. Erneute Sprengstoffanschläge in Südtirol.
5. 8. Annie Rosar, Schauspielerin, stirbt in Wien (geboren 17. 5. 1888 in Wien).
20. 9. Klagenfurter Manifest der ÖVP. Josef Klaus wird Bundesparteiobmann.
27. 9. Das Donaukraftwerk Aschach (Oberösterreich) wird seiner Bestimmung übergeben.
3. 11. Krise in der Wiener Staatsoper. Der Streit um einen italienischen Souffleur führt zum Streik des Personals. Die „Bohème"-Premiere unter Herbert von Karajan muß abgesagt werden.
4. 11. Im Toplitzsee im Salzkammergut werden weitere Kisten mit gefälschten englischen Pfundnoten sowie Teile einer Raketenabschußrampe gefunden.
17. 11. Die Europabrücke bei Innsbruck wird dem Verkehr übergeben.
9. 12. Im Mailand beginnt der Prozeß gegen 87 Südtiroler und 6 Österreicher wegen der Terroranschläge in Südtirol.
30. 12. 500 Tonnen Erdöl werden an die UdSSR abgefertigt - die Erdölschuld Österreichs an die UdSSR ist damit getilgt.

1964

8. 1. Altbundeskanzler Julius Raab stirbt in Wien (geboren 29. 11. 1891 in St. Pölten).

Staffelübergabe in der ÖVP: Alfons Gorbach übergibt an Josef Klaus, der auf den „Eisernen Hermann" Withalm im Nacken zählen kann.

25. 2. Bundeskanzler Gorbach demissioniert. Josef Klaus wird mit der Bildung einer neuen Regierung betraut und stellt am 2. April sein Kabinett vor.
14. 3. Das wiederaufgebaute Grazer Schauspielhaus wird eröffnet.
17. 3. Der Ministerrat beschließt die Entsendung eines Sanitäts- und Ordnungskontingents zur UN-Truppe auf Zypern.
16. 4. Die WIG 64 (Wiener Internationale Gartenschau) wird im Donaupark eröffnet.
11. 5. Herbert von Karajan legt aus „gesundheitlichen Gründen" die künstlerische Leitung der Wiener Staatsoper zurück.
5. 6. In der renovierten Wiener Secession öffnet die Ausstellung „Wien um 1900" ihre Pforten.

Olympische Spiele in Innsbruck: Ein Ruf zur Kasse?

19. 6. Hans Moser (eigentl. Jean Juliet), Schauspieler, stirbt in Wien (geboren 6. 8. 1880 in Wien).
16. 7. Erste Urteile im Mailänder Südtirolprozeß. Die meisten Angeklagten erhalten mehrjährige Kerkerstrafen.
25. 8. Josef Afritsch, SPÖ-Politiker, stirbt in Wien (geboren 13. 3. 1901 in Graz).
5. – 12. 10. Das erste Volksbegehren in der Geschichte der Republik (für eine Rundfunkreform) ergibt 832.353 Unterschriften.
10. 10. Konrad Bayer, Schriftsteller, begeht in Wien Selbstmord (geboren 17. 12. 1932 in Wien.
4. 11. Franz Olah wird aus der SPÖ ausgeschlossen, da sich die gegen ihn erhobenen Beschuldigungen der Veruntreuung von Partei-Geldern bestätigt haben.
21. 11. Eine Schiffstaufe in Fußach/Vorarlberg muß wegen Demonstrationen abgesagt werden. Die Vorarlberger protestieren gegen den Schiffsnamen „Karl Renner" und nehmen eine Nottaufe auf den Namen „Vorarlberg" vor.

1965

8. 1. Oberst Alois Podhajsky, langjähriger Leiter der Spanischen Reitschule, tritt in den Ruhestand. Nachfolger wird Oberstleutnant Handler.
16. 1. Beim Kandaharrennen kommen sieben Österreicher unter die ersten zehn.
28. 2. Bundespräsident Adolf Schärf stirbt in Wien (geboren 20. 4. 1890 in Mikulov/Mähren).
31. 3. Bei einer Demonstration gegen den Universitätsprofessor Taras Borodajkewycz, der öffentlich nationalsozialistische Äußerungen erhoben hat, wird ein Pensionist von einer rechten Schlägertruppe so schwer verletzt, daß er zwei Tage darauf stirbt.
12. 4. Hans Sima wird Landeshauptmann von Kärnten (bis 19. 4. 1974).
27. 4. Treuegelöbnis zu Österreich am 20. Jahrestag der Zweiten Republik mit Bundesheerparade am Ring.
9. 5. Leopold Figl, ÖVP-Politiker, stirbt in Wien. (geboren 2. 10. 1902 in Rust/Niederösterreich).
9. – 15. 5. Die Wiener Universität feiert ihr 600jähriges Bestehen.
16. 5. Ein großer Zapfenstreich auf dem Wiener Heldenplatz beendet die Feierlichkeiten zur Feier des 10. Jahrestages der Unterzeichnung des Staatsvertrages.
23. 5. Franz Jonas wird zum Bundespräsidenten gewählt, Altbundeskanzler Alfons Gorbach unterlag nur knapp.

Der glückliche neue Bundespräsident Franz Jonas

10. 6. Bruno Marek wird Bürgermeister von Wien (bis 17. 12. 1970).
13. 6. Martin Buber, Schriftsteller, stirbt in Jerusalem (geboren 8. 2. 1878 in Wien).
23. 10. Die Regierung demissioniert wegen des Scheiterns der Budgetverhandlungen.

1966

9. 1. Die KPÖ beschließt, bei den kommenden Nationalratswahlen für die SPÖ-Liste zu stimmen.
20. 1. Herbert Boeckl, Maler, stirbt in Wien (geboren 3. 6. 1894 in Klagenfurt).
23. 2. Die „Kronen Zeitung" wird unter gerichtliche Verwaltung gestellt, da der ehemalige ÖGB-Präsident Olah der Zeitung ÖGB-eigene Gelder überwiesen hat.
23. 2. Emmerich Danzer wird in Davos Weltmeister im Eiskunstlauf, Zweiter wird Wolfgang Schwarz.
6. 3. Nationalratswahl. ÖVP 85, SPÖ 74, FPÖ 6 Mandate. Die Regierung Klaus II wird eine ÖVP-Alleinregierung, die SPÖ geht in die Opposition.
24. 5. Im Rahmen der Festwochen wird im Theater an der Wien Calderons „Die Welt ist Trug" 300 Jahre nach seiner Entstehung uraufgeführt.
1.6. Das Innenministerium stellt einen Reisepaß für Otto Habsburg aus.
28. 6. Theodor Kery wird Landeshauptmann von Burgenland (bis 30. 10. 1987).
8. 7. Der Nationalrat beschließt das neue Rundfunkgesetz; der Rundfunk erhält Programm-, Personal- und Finanzautonomie.

Andreas Maurer, Landeshauptmann von Niederösterreich

1. 9. Die Südtiroler Volkspartei nimmt das „Südtirolpaket" der italienischen Regierung an.
20. 10. Eine Amtsmißbrauchaffäre in der Bauwirtschaft führt zu 21 Verhaftungen („Bauskandal").
24. 11. Andreas Maurer wird Landeshauptmann von Niederösterreich (bis 22. 1. 1981).
31. 10. Erste Einreise Otto Habsburgs nach Österreich.
23. 12. Heimito von Doderer, Schriftsteller, stirbt in Wien (geboren 5. 9. 1896 in Wien-Weidlingau).

1967

28. 1. Die letzte Nummer der Tageszeitung „Neues Österreich" erscheint.

Heimito von Doderer

1. 2. Bruno Kreisky wird neuer Vorsitzender der SPÖ.
4. 2. Igo Etrich, Pionier des Flugzeugbaus, stirbt in Salzburg (geboren 25. 12. 1879 in Oberaltstadt bei Trautenau/Böhmen).
4. 3. Das „Südtirol-Paket" zwischen Italien und Österreich ist ausgehandelt.
9. 3. Gerd Bacher wird Generalintendant des ORF.
20. 3. Ludwig von Ficker, Publizist, stirbt in Innsbruck (geboren 13. 4. 1880 in München).
13. 4. Wien wird zum Amtssitz der UNIDO bestimmt.
8. 5. Veto Italiens an die EWG gegen die Assoziierung Österreichs.
29. 5. Georg Wilhelm Pabst, Filmregisseur, stirbt in Wien (geboren 27. 8. 1885 in Roudnice/Böhmen).
5. 7. Otto Habsburg ist das erstemal nach dem Zweiten Weltkrieg in Wien.
24. 10. Ein Protestmarsch, mit dem Studenten für die Erhöhung des Kulturbudgets demonstrieren, legt in der Wiener Innenstadt den Verkehr lahm.

Kommt sie oder kommt sie nicht: U-Bahnbau in Wien.

1968

17. 1. Julius Deutsch, Politiker, stirbt in Wien (geboren 2. 2. 1884 in Lackenbach/Burgenland).
19. 1. Umbildung der Regierung Klaus III – Hermann Withalm wird Vizekanzler, Kurt Waldheim Außenminister.
26. 1. Grundsatzbeschluß des Wiener Gemeinderates über den Bau der U-Bahn.
1. 3. Emmerich Danzer wird zum dritten Mal Weltmeister im Eiskunstlauf.

Die „Saat" des Prager Spätsommers: Asylanten in Wien.

25. 3. Beginn des Prozesses gegen Norbert Burger und Peter Kienesberger in Wien (sie waren für die Terrorakte in Südtirol eingetreten). Das Urteil: 8 und 4 Monate Arrest.
1. 5. Ca. 300 Linksextremisten stören die sozialistische Maifeier auf dem Wiener Rathausplatz.
29. 5. In Wien beginnt der Prozeß gegen den ehemaligen Generaldirektor der Newag, Viktor Müllner. Ihm werden Mißbrauch der Amtsgewalt und Untreue vorgeworfen – der Schaden beträgt ca. 47 Millionen Schilling.
20./21. 8. Truppen des Warschauer Paktes marschieren in der CSSR ein. Bis Ende August fliehen 15.000 Tschechen nach Österreich.
23. 8. Eröffnung der ersten Veranstaltungsreihe „Steirischer Herbst" in Graz.
2. 10. Die Grabstätte der Babenberger im Stift Melk wird geöffnet; es werden 15 Skelette gefunden.
13. 11. Das aktive Wahlrecht wird von 21 auf 19 Jahre herabgesetzt.
28. 11. Die Sigmund-Freud-Gesellschaft in Wien wird gegründet.
20. 12. Max Brod, Schriftsteller und Nachlaßverwalter Franz Kafkas, stirbt in Tel Aviv (geboren 27. 5. 1884 in Prag).

1969

1. 1. Das erste Farbfernsehprogramm des ORF wird ausgestrahlt.
5. 1. Franz Theodor Csokor, Dramatiker und Erzähler, stirbt in Wien (geboren 6. 9. 1885 in Wien).
20. 1. Demonstrationen anläßlich des privaten Aufenthaltes des Schahs von Persien in Wien und der Inauguration des neuen US-Präsidenten Nixon führen in der Wiener Innenstadt zu umfangreichen Verkehrsbehinderungen.
19. 2. 10 Österreicher unter den ersten 12 beim Herrenslalom des Kandaharrennens.
5. 5. Die Wiener bereiten Königin Elizabeth II. und ihrem Gemahl, dem Herzog von Edinburgh, die zu einem Staatsbesuch in Österreich eintreffen, einen begeisterten Empfang.
14. 5. Lujo Tončić-Sorinj, ehemaliger Außenminister (1966–68), wird in Straßburg zum Generalsekretär des Europarates gewählt.
29. 5. Unterrichtsminister Piffl-Perčević legt sein Amt wegen der gescheiterten Schulgesetze nieder.
2. 6. Alois Mock wird Unterrichtsminister.
13. 6. Franz Olah wird aus der Gemeinderatssitzung „entfernt".
26. 7. Erstes Autorennen auf dem neuerbauten Österreichring bei Zeltweg/Steiermark.
4./5. 9. Liese Prokop stellt im Südstadt-Stadion einen neuen Weltrekord im Leichtathletik-Fünfkampf auf.
13. 10. Ernst Fischer wird wegen seiner Haltung in der CSSR-Frage aus der KPÖ ausgeschlossen.
3. 11. Beginn des U-Bahn-Baus in Wien – der gesamte Karlsplatz wird zur Baugrube.

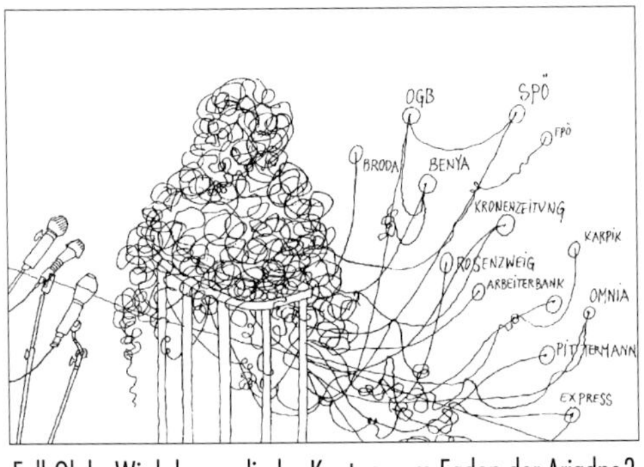

Fall Olah: Wird der gordische Knoten zum Faden der Ariadne?

7. 11. Vergleich zwischen dem ÖGB und der „Kronen Zeitung".
30. 11. Außenminister Kurt Waldheim arbeitet mit dem italienischen Außenminister Aldo Moro die Südtirol-Lösung aus.

Die siebziger Jahre (1970–79)

Nach dem SPÖ-Wahlsieg im Jahre 1970 kursierte in Österreich der folgende Witz: „Was geschieht, wenn Kreisky in der Wüste ausgesetzt wird? – Zuerst ein Jahr nichts, dann wird der Sand teurer ..."

Ein anderer Witz handelte 1973 vom SPÖ-Bundeskanzler und seinem ÖVP-Widerpart: Kreisky und Schleinzer angeln, umgeben von einer größeren Menschenmenge, an einem See. Plötzlich zieht Schleinzer einen schweren Karpfen aus dem Wasser und will den Fisch gerade mit einem Stein erschlagen, da werden Mißfallensäußerungen aus dem Publikum laut. Sogar der Ruf „Mörder" ist zu hören. Der verschreckte ÖVP-Obmann wirft den Karpfen sofort wieder ins Wasser, worauf sich die Leute beruhigen. Wenig später beißt ein ebenso großer Karpfen an der Angel Kreiskys an. Der Kanzler zieht den Fisch langsam an Land und beginnt unter den verblüfften Blicken der Umstehenden den Karpfen zu streicheln. Schleinzer fragt nach dem Sinn dieses Tuns und Kreisky antwortet trocken: „Erstens schaut's gut aus und zweitens wird der Karpfen ja auch so hin ..."

Und noch ein Witz aus diesen Jahren: Die Parteiobmänner Kreisky, Schleinzer und Peter sitzen gemeinsam in einem Flugzeug. Plötzlich wirft der Kanzler einen 100-Schilling-Schein aus dem Fenster und motiviert dies mit dem Hinweis, er wolle einen Österreicher glücklich machen. Schleinzer kann nicht nachstehen und wirft zwei 50-Schilling-Scheine aus der Maschine, um zwei Österreicher zu beschenken. Peter schließlich streut fünf 20-Schilling-Scheine aus, kann er damit doch sogar fünf Österreicher beglücken. Dem Piloten wird diese praktizierte Geschenkdemokratie zuviel: er wirft die drei Politiker aus dem Flugzeug, während er vor sich hin brummt: „Damit alle Österreicher glücklich sein können."

Kanzler Kreisky kamen Gerüchte zu Ohren, wonach es in seiner Umgebung einen Spion gegeben hätte, der ohne Vorweisen eines politischen Führungszeugnisses Mitglied der SPÖ geworden sei. Kreisky hielt nicht viel von derlei Argumentation: „Diese Praxis der Mitgliederaufnahme hat die SPÖ immerhin zu einer 700.000 Mitglieder zählenden Partei gemacht!"

Die Regierung plante, in einem Schloß, das einer internationalen Stiftung gehört, eine Tagung mit Wissenschaftlern abzuhalten. Aus New York erhielt der Kanzler ein Verzeichnis der diversen Tagungen dieser Stiftung, um feststellen zu können, ob die Konferenz in Einklang mit den anderen stehe. Kreisky las unter anderem das Tagungsthema „The behaviour of apes" („Das Verhalten von Menschenaffen") und murmelte in Anwesenheit seiner Sekretärin Margit Schmidt: „Es paßt dazu!"

Der Kanzler sollte eines Tages ein Begleitschreiben für eine Sendung an ein Mitglied des ehemaligen österreichischen Hochadels abfassen. Schon bei der Anrede stieß der gesetzestreue Republikaner Kreisky jedoch auf Schwierigkeiten. „Ich kann doch schwer ‚Durchlaucht' schreiben", meinte er zu seinem Kabinettschef Alfred Reiter und entschloß sich nach kurzem Nachdenken, bloß eine Visitenkarte beizulegen, womit alle Probleme der Anrede beseitigt waren.

Kreisky wurde von seinem Sekretär Thomas Nowotny die Teilnehmerliste für eine Sitzung vorgelegt. Auf die Frage nach einem dieser Teilnehmer erklärte Nowotny, dieser sei ein prononcierter Sozialist. Kreisky schien den Mann nicht besonders zu schätzen: „Der ist doch kein Sozialist, sondern höchstens ein Narr!"

Dem Kanzler wurde eine Information des Landwirtschaftsministeriums über die Entwicklung der Viehpreise unterbreitet, was Kreisky den Kommentar entlockte: „Wie gut haben's meine Vorgänger gehabt. Nach dem neuen Kompetenzgesetz muß ich jetzt auch wissen, was ein Stier und ein Gustostückerl beim Fleischhauer kosten ..."

Die jeweils für Montag um 17 Uhr angesetzten Ministerratsvorbesprechungen, bei denen die Regierungspolitik der Woche festgelegt wurde, begannen wegen Verspätung des Kanzlers zumeist erst gegen 17.15 Uhr. Einmal war Kreisky aber pünktlich, während die Minister Firnberg und Sinowatz um 17.03 Uhr eintrafen. Was der Regierungschef mit der ätzenden Bemerkung quittierte: „Also so kann man wirklich nicht arbeiten, wenn jeder kommt, wann er will!"

Kreisky trug seinem Büro während mehrstündiger Verhandlungen mit dem ÖVP-Bauernbund auf, die Obmänner der anderen Bauernorganisationen telefonisch über die Zwischenergebnisse zu informieren. Nach 10 Minuten kam der Kabinettschef in den Sitzungssaal und teilte dem Kanzler mit, er habe alle Bauernfunktionäre mit Ausnahme eines einzigen erreicht, der auf dem Feld sei. Darauf Kreisky: „Gott sei Dank ist wenigstens einer von den Bauern auf dem Feld ..."

In Österreich war seit 1918 noch nie so viel monarchistische Terminologie gebraucht worden wie in der Ära Kreisky. Der Kanzler selbst wurde „Sonnenkönig" genannt, seine präsumtiven Nachfolger titulierte die Presse „Kronprinzen". Als am SPÖ-Parteitag 1974 Finanzminister Androsch und Bürgermeister Gratz in das engere Parteipräsidium aufrückten und somit Kreisky-Stellvertreter wurden, befleißigten sich die Massenmedien wieder einmal dieser Terminologie. Die achtjährige Tochter einer Mitarbeiterin des Kanzlers kommentierte nach vier Jahren sozialdemokratischer Regierung eine „Zeit im Bild"-Sendung: „Mama, ich habe geglaubt, wir leben in einer Republik. Die reden aber im Fernsehen fortwährend von Kronprinzen ..."

Der Kanzler gestand bei SPÖ-internen Beratungen einen Fehler folgendermaßen ein: „Man macht jeden dritten Tag mindestens einen Fehler – einen, den alle bemerken; einen, den man nur selbst bemerkt, oder aber einen, der einem nicht einmal selbst bewußt wird. Mit so einem Fehler hat man das größte Glück ..."

Während einer Wahlversammlung blickte der Kanzler in die Runde der Anwesenden und erklärte: „Mir geht es wie dem Affen in Schönbrunn – ihn kennt jeder, aber er kennt niemanden!"

Die Opposition führte im Nationalrat einen heftigen Angriff gegen die SPÖ-Alleinregierung. Ein Redner richtete an den Bundeskanzler zum Abschluß einer temperamentvoll vorgetragenen Kritik eine heikle Frage und forderte ihn auf, klar mit Ja oder Nein zu antworten. Die Opposition beklatschte den Angreifer, fünf Sekunden der Stille folgten – man wartete gespannt auf die Reaktion Kreiskys. Dieser erhob sich schließlich gemächlich von der Regierungsbank, nahm die Brille ab und sagte zu dem betreffenden Abgeordneten: „Mit Ja oder Nein zu antworten, hat man das letzte Mal bei der Gestapo von mir verlangt. Hier im österreichischen Parlament antworte ich, wie es mir richtig erscheint!"

AUF UND AB

Der eine kommt, der andere geht. Mit Bruno Kreisky bekommt Österreich einen großbürgerlich-sozialistischen Regierungschef jüdischer Herkunft. Im Lande kursiert daraufhin der folgende Spruch: Warum ist Österreich ein glückliches Land? Weil wir deutsch sprechen, aber keine Preußen sind; weil wir Hammer und Sichel im Wappen tragen, aber keine Kommunisten sind; und weil wir den Bundeskanzler Kreisky haben, aber keinen Krieg gegen die Araber führen müssen …

KOALITIONSKABINETT À LA IRONIMUS
Das wäre doch ein medienwirksames Traumteam für Bruno Kreisky, den ersten roten Bundeskanzler der Zweiten Republik (gegenüberliegende Seite). Doch „'s is alles net wahr…".

DIE SUCHE NACH DER RICHTUNG

In welche Richtung der Daumen zeigen sollte – national oder liberal –, forderte schon längere Zeit interne Konflikte in der FPÖ heraus.
Schwierig, ja sogar sehr schwierig ist für die Freiheitlichen die Orientierung im schicksalsträchtigen Wahljahr 1970. Zuerst wollen sie um jeden Preis einen roten Kanzler verhindern, dann ermöglichen sie Kreiskys Minderheitsregierung das politische Überleben. Zum eigenen Vorteil, versteht sich.

LINKSWALZER

Die Liaison zwischen dem sozialistischen Parteichef Bruno Kreisky und dem freiheitlichen Obmann Friedrich Peter drängt den Wahlverlierer ÖVP ins Eck. Damals, in der Zeit der Minderheitsregierung, legt der schlaue Kreisky seine Option von der Spaltung des bürgerlichen Lagers durch eine rot-blaue Kooperation offen. 13 Jahre später wird daraus – wenn auch nicht sehr erfolgreich – tatsächliche eine sozial-liberale Koalition.

DIE GROSSE NUMMER

Auf des Rasiermessers Schneide steht das Schicksal der sozialistischen Minderheitsregierung, die im Nationalrat auf die Duldung durch die freiheitliche Opposition angewiesen ist. Diese stimmt dem Budget 1971 für die Zusage eines minderheitsfreundlicheren Wahlrechts zu, und Kreisky schafft die große Nummer.

ROT-BLAUE LIEBE

Nutznießerin der freiheitlichen Zuneigung zur Kreisky-SPÖ ist Hertha Firnberg. Die FPÖ stimmt nämlich der Schaffung eines Wissenschaftsministeriums zu, und Firnberg wird die erste Chefin dieses Ressorts.

HAARESREFORMMINISTER

„Lü" wird er genannt, der neue Verteidigungsminister Karl Freiherr von Lütgendorf. Der Aristokrat in der roten Regierung widmet sich so wichtigen Fragen wie der Haartracht der Jungmänner. Er agiert nicht immer sehr geschickt, der „Lü".
Das hat er übrigens mit der Gesundheitsministerin Ingrid Leodolter gemein, was folgenden Witz provoziert:
Der Kanzler wacht eines Nachts schweißüberströmt auf. Er hat von einem Minister namens „Lütgendolter" geträumt...
Ein anderer Scherz soll Jahre später von der tragischen Realität eingeholt werden: Kreisky wird mitgeteilt, Verteidigungsminister Lütgendorf habe Selbstmord begangen. Kreiskys Reaktion: „No, wenn er sich's verbessern kann!"

DER BART MUSS AB!

Bruno Kreisky, in der Zeit des Austromarxismus groß geworden, ist sich bewußt, daß mit marxistischen Floskeln kein Staat zu machen ist. Auf die spöttische Bemerkung eines Parteifreundes, bei Kreisky bestehe keine Gefahr, daß er den Weg zum Sozialismus finde, erwidert der Kanzler ironisch: „Ich bin der Meinung, daß endlich einmal mit diesem sinnlosen, geistesschwachen Geschwätz ‚Der Weg zum Sozialismus' Schluß sein muß. Ein mystisches Reich, das irgendwann einmal plötzlich dastehen wird; zu dem man sich durch das Zahlen von Mitgliedsbeiträgen der Sozialistischen Partei hinbewegt …"

IT'S SHOWTIME

Zwei gewonnene Nationalratswahlen – 1970 erreicht er die relative und 1971 die absolute SPÖ-Mehrheit – machen Bruno Kreisky zum absoluten Publikumsliebling im Lande. Und er setzt seine spielerische Begabung virtuos ein. Vor allem Fernsehen und Radio benützt er zum Transport seiner Vorstellungen. In den elektronischen Medien kommt seine faszinierende und vielschichtige Persönlichkeit so richtig zur Geltung. Seine Floskel „Ich bin der Meinung ..." wird an den Stammtischen imitiert. Das gilt auch für Kreiskys langsame Sprechweise. Unbestätigten Gerüchten zufolge wollte man im ORF nach dem Kanzlerwechsel von Klaus zu Kreisky die Ankündigung der „Sendung des Bundeskanzlers" im Radio folgendermaßen abändern: „Sie hören die Sendung des Bundeskanzlers. In den Pausen bringen wir Musik!"

AUSTRIAN RACING TEAM

Karl Schranz, von den Olympischen Spielen in Sapporo ausgeschlossener Ski-Liebling der Österreicher, kehrt im Triumphzug heim. Und alle, aber wirklich alle kommen, um den unglücklichen Helden zu feiern: Bundeskanzler Kreisky, Unterrichtsminister Sinowatz und natürlich ORF-Chef Bacher, der die größte Medienorgel des Landes ganz in den Dienst der Sache stellt. Als Nationalheld erreicht Schranz den Ballhausplatz, wo er von Bundeskanzler Bruno Kreisky offiziell begrüßt wird und sich später der Menschenmenge vor dem Gebäude auf dem Balkon zeigt (gegenüberliegende Seite).
Die Angelegenheit geht als „Schranz-Affäre" in die Geschichte ein.

DER JÜNGSTE FINANZMINISTER DER REPUBLIK

1970 beruft Bruno Kreisky den erst 32-jährigen Hannes Androsch als Finanzminister in sein Kabinett (im rechten Bild bei der Angelobung). Der „Wunderknabe" lernte schnell …
Wie, bitte? Die Linke weiß nicht, was die Rechte tut? Hannes Androsch jedenfalls scheint sich, wie sich Herr Österreicher mit einem Blick in die Brieftasche überzeugen kann, über die Bedeutung gewisser Handgriffe voll im klaren zu sein.

DER SINOWATZ

Der seit 1971 amtierende Unterrichtsminister heißt Fred Sinowatz.
Unter seiner Ägide wird den Österreichern das kostenlose Schulbuch beschert.
Der lustige Fredi aus dem Burgenland muß bei der Einführung im September 1972 aber schon sein erstes Waterloo erleben:
Zu Schulbeginn waren viele Bücher noch nicht fertig. Mannhaft stellt er sich einer Front von erbosten Eltern,
deren Kinder bis dahin noch keine Schulbücher hatten.

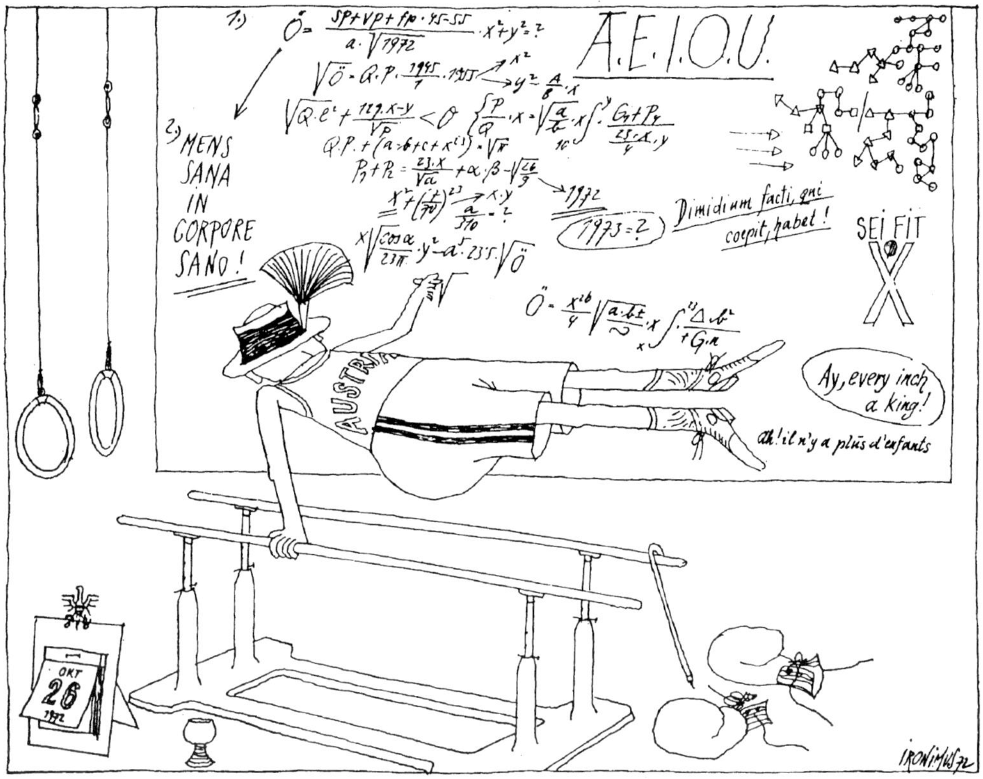

MUSKEL- UND DENKSPORT AM NATIONALFEIERTAG

Zwischen Fitmärschen und dem Nachdenken über das Woher und Wohin unseres Österreich sollen die Bürger nach dem Willen ihrer republikanischen Regenten den 26. Oktober 1972 verbringen.

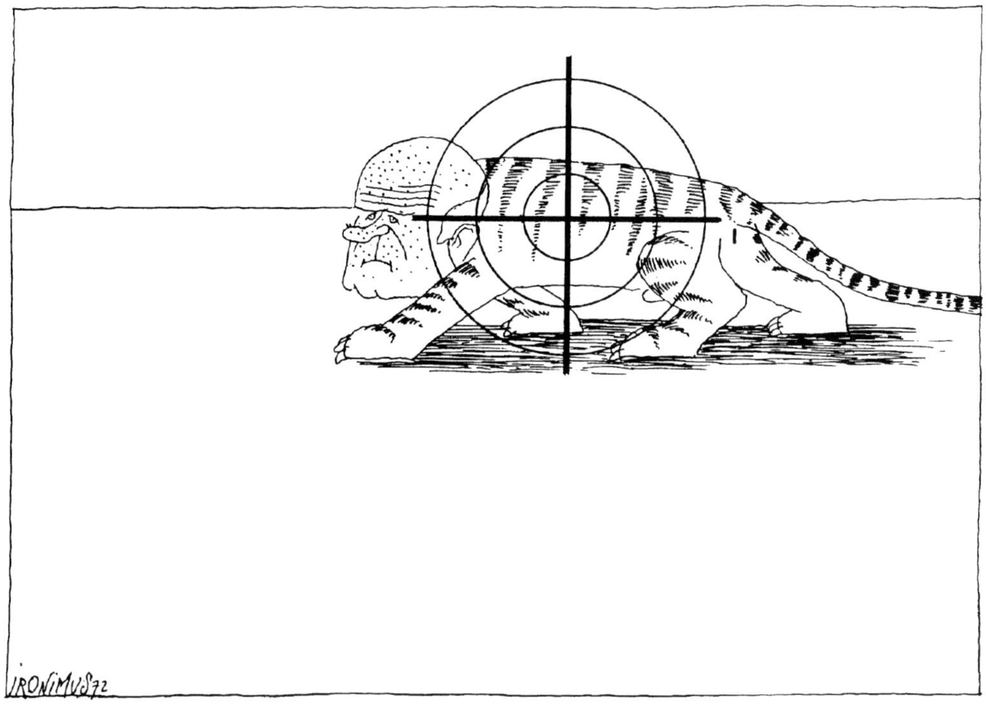

JAGD AUF DEN TIGER

Die innenpolitischen Auseinandersetzungen rund um den ORF eskalieren 1972 zu einem veritablen Rundfunk-Krieg. Doch Gerd Bacher läßt sich nicht beirren und treibt den Ausbau seines Unternehmens mit der Eröffnung neuer Landesstudios und Sender voran. Bei der Inbetriebnahme des KW-Senders Moosbrunn sagt der ORF-Generalintendant zu Bundeswirtschaftskammerpräsident Rudolf Sallinger: „Die Außenhandelsorganisationen gehören zu den besonders qualifizierten Empfängern der Kurzwelle. Unter anderem erfahren sie via Kurzwelle, wo sich ihr Präsident gerade aufhält."

DOPPELT HÄLT BESSER

Anton Benya, seit 1963 Gewerkschaftsboß und damit einer der mächtigsten Männer der Republik, wird 1971 auch Erster Präsident des Österreichischen Nationalrats. Massive Angriffe der großen Oppositionspartei wegen seiner Doppelfunktion lassen Benya sichtlich kalt. Abgestützt auf zwei gut gepolsterte Sessel, fegt er die Attacken vom Tisch. Für den Doppelpräsidenten gibt's nur eine Frage: „Wer ist stärker, i oder i?"

N WIEN

BEN BRUNO

Seit den fünfziger Jahren war Österreich Zwischenstation für ausreisewillige Juden, die aus der Sowjetunion nach Israel emigrierten (im linken Bild jüdische Flüchtlinge bei der Abreise auf dem Flughafen Schwechat). Der Terroranschlag palästinensischer Guerillas auf das Transitlager Schönau im September 1973 zwingt die österreichische Bundesregierung zur Schließung des Lagers, was zu einer heftigen Kontroverse zwischen Kanzler Bruno Kreisky und der israelischen Ministerpräsidentin Golda Meir führt. Für sie ist Kreisky, der Österreicher jüdischer Abstammung, zum „Ben Bruno" geworden.

DER JOURNALISTENKANZLER

Bruno Kreisky ist nicht nur Lieblingsopfer der Karikaturisten, sondern versteht es auch wie kein anderer, den Journalisten ihre Schlagzeilen zu liefern (im rechten Bild: Der Selbstvermarktungskünstler bei einer seiner inszenierten Regierungspressekonferenzen).
Wenn es aber nicht nach seinem Kopf geht, kann ihn die unabhängige Presse ganz schön verstimmen. Standardsatz: „Sie müssen ja nicht regierungsfreundlich sein…" Wie denn? So, wie es hier abgebildet ist?

ENGELCHEN HERTHA

Hertha Firnberg, 1970 von Bruno Kreisky mit dem Aufbau des neugeschaffenen Bundesministeriums für Wissenschaft und Forschung betraut, schwebt engelsgleich über den Dingen. Das neue Universitätsorganisationsgesetz (UOG) feiert sie als Durchbruch in der Wissenschaftspolitik; die Betroffenen sehen es allerdings etwas anders.

BENZINPREIS: NÄCHSTE RUNDE

Wegen der Ölkrise erläßt das Handelsministerium im Januar 1974 eine Verordnung über einen autofreien Tag. Außerdem jagt eine Benzinpreiserhöhung die andere – und damit auch den seit 1970 amtierenden Handelsminister Josef Staribacher, der dem Strahl zum nächsten Benzinpreisvollbad nicht entkommen kann. Selten sah man den ansonsten leutseligen »Happy Pepi« so nachdenklich.

DIE BEIDEN K

Welch geschickter Schachzug! Nach dem Tod des sozialistischen Bundespräsidenten Franz Jonas präsentiert Bruno Kreisky dem Wahlvolk seinen parteifreien katholischen Außenminister Rudolf Kirchschläger als Präsidentschaftskandidaten. Und siehe da: Kirchschläger gewinnt gegen den Innsbrucker Olympia-Bürgermeister Alois Lugger (ÖVP). Die K. & K. Republik ist da. Die „sauren Wiesen", die er als Gleichnis für Korruption und den Verfall des Moralkodex verwendet, kann er bis zum Ende seiner Amtsperiode 1986 auch nicht „trockenlegen".

DER UNTERHALTUNGSKANZLER

Von Bruno Kreisky stammt der Ausspruch, auch Information sei eine Form von Unterhaltung. Und der Langzeitkanzler handelt auch danach. Sein wöchentliches Pressefoyer nach dem Ministerrat gerät zur ersten populären Talk-Show Österreichs.
Ein Beispiel gefällig?
Kreisky erklärt den wartenden Journalisten einmal offenherzig sein Verhältnis zur Presse. Der „Journalistenkanzler" im O-Ton: „Die Journalisten sagen mir *jeden Tag* ihre Meinung über mich und ich sage ihnen meine über sie *von Zeit zu Zeit.*" Derlei und andere humorvolle Ergüsse können die Zuseher der abendlichen „Zeit im Bild" genießen. Und schon wird aus der wichtigsten ORF-Informationssendung ein Unterhaltungsprogramm. Nur allzu verständlich scheint dem geneigten Beobachter daher, daß der prominente Kabarettist Gerhard Bronner als Fernseh-Intendant gehandelt wird ...

DIE NACHT DER ROTEN MESSER

Mit der Wahl des Sektionschefs im Jusitzministerium, Otto Oberhammer, zum Generalintendanten des ORF, endet im Oktober 1974 die Ära Bacher I. Christian Broda, Justizminister und graue Eminenz in der SPÖ-Alleinregierung, gilt als „Erfinder" des neuen Generalintendanten, dessen Amtszeit angesichts der Einführung erfolgreicher neuer Sendungen wie z. B. „Wir", „Zeit im Bild 2" oder „Club 2" recht positiv verläuft. Doch Oberhammer ist die von Intrigen und Eitelkeiten geprägte Medienwelt fremd. Und die Freude Kreiskys über Bachers Abwahl sollte nur von kurzer Dauer sein.

DIE FREMDE FEDER

Liberal sind sie alle, zumindest vor Wahlen. Vor allem Bundeskanzler Bruno Kreisky versteht es, sämtliche Register zu ziehen. Sehr zum Leidwesen von FPÖ-Chef Friedrich Peter (1958–1978; im rechten Bild als Freizeitdirigent), der sogar so liberal ist, daß am Ende die Wähler nicht mehr wissen, wozu sie ihm ihre Stimme geben sollen.

DIE JUNGEN LÖWEN

ÖVP-Obmann Karl Schleinzer, seit 1971 im Amt, sammelt eine Reihe hungriger Jungpolitiker um sich, zu denen (gegenüberliegende Seite v.l.n.r.) Sixtus Lanner, Bertram Jäger, Alois Mock, Erhard Busek, Josef Taus, Josef Ratzenböck, Josef Krainer und Stefan Koren gehören. Schleinzer kommt 1975 bei einem Autounfall ums Leben.

JETZT NOCH DIE REBLAUS. . .

Mehr und mehr macht Bruno Kreisky Österreich zum internationalen Begegnungsplatz zwischen Ost und West, Nord und Süd. Ob in Salzburg oder Wien, die weltpolitische Crème de la crème trifft sich gerne in Österreich. Und Kreisky kann sich gekonnt als Gastgeber in Szene setzen, wenn z. B. der amerikanische Außenminister Henry Kissinger (im linken Bild bei einem der regelmäßigen Treffen mit dem Kanzler) in der Bundeshauptstadt mit seinem sowjetischen Kollegen Andrej Gromyko parliert.

TIROLER KNÖDEL

Eduard Wallnöfer, der seit 1963 amtierende Landeshauptmann von Tirol, ist wahrscheinlich der populärste Landesvater Österreichs in der Zweiten Republik. Bei der Landtagswahl 1975 kann er für die ÖVP noch etwas zulegen und die Zweidrittelmehrheit erreichen.

STOCK UND SCHNULLER

Eine mittlerweile historische Fernsehdiskussion bringt 1975 die Kontrahenten Josef Taus (ÖVP) und Bruno Kreisky (SPÖ) auf den Bildschirm. Kreiskys „Meinung" wird auch die der meisten Zuschauer – der Kanzler sammelt wichtige Punkte für die Nationalratswahl, nach der er sich mit neuem Elan den Regierungsgeschäften widmen wird.
Kreisky über seine Zeichner: „Über Karikaturen kann man sich entweder ärgern oder freuen.
Da beides an der Sache nichts ändert, freue ich mich darüber."

15
ALPIN

UNSER FRANZ

Am 5. Februar 1976 jubelt die Skination Österreich. Franz Klammer gewinnt in draufgängerischer Fahrt die Goldmedaille beim Herrenabfahrtslauf der Olympischen Spiele in Innsbruck.

DIE WOTRUBA-KIRCHE

Der bedeutendste österreichische Bildhauer Fritz Wotruba erhält den Auftrag zum Bau einer katholischen Kirche in Wien. Als das avantgardistische, im für Wotruba charakteristischen blockhaften Stil erbaute Gotteshaus im Oktober 1976 geweiht wird, staunt so mancher gelernte Wiener darüber, was so alles möglich geworden ist in seiner Heimatstadt. Das Bild auf der rechten Seite zeigt Fritz Wotruba bei der Arbeit in seinem Atelier.

KOPFWÄSCHE

Der Kronprinz wird vorlaut: Hannes Androsch macht sich öffentlich Sorgen darüber, wer einmal die Pensionen zahlen wird. Was bei Anton Benya und so manchen Parteifreunden auf entsetzte Reaktionen stößt.

EX-WELTMEISTER

Ist das ein Jubel! Bei der Fußball-Weltmeisterschaft 1978 in Cordoba schießt Hans Krankl das entscheidende Tor zum 3 : 2 Sieg Österreichs gegen den „Fußballkönig" Deutschland. Seit Franz Klammers olympischer Siegesfahrt hat kein sportliches Ereignis das Alpenvolk so sehr geeint.

POLITISCHES PING-PONG

Beim Ping-Pong mit Josef Taus (ÖVP) bleibt Bruno Kreisky (SPÖ) stets eindeutiger Sieger.
Alle Angriffe des Oppositionsführers werden vom Altmeister virtuos pariert.

Kernkraftwerk
Zwentendorf

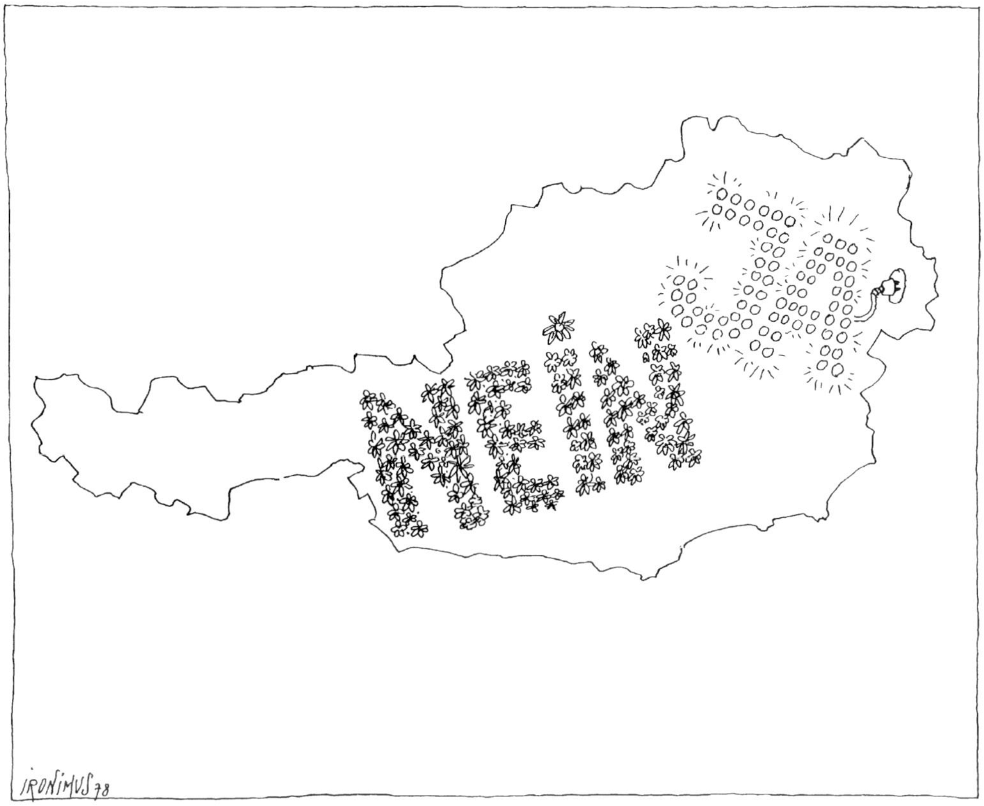

KERNKRAFT – NEIN DANKE!

Eine schwerwiegende Entscheidung bewegt ganz Österreich. Die 1978 in der Endphase der Fertigstellung des Kernkraftwerks Zwentendorf angesetzte Volksabstimmung bedeutet das Aus für die Atomkraft in Österreich. Das nie in Betrieb genommene Kraftwerk geht als teuerste Industrieruine Österreichs in die Wirtschaftsgeschichte ein. Am Tag vor der Abstimmung ahnt Ironimus das Endergebnis schon voraus.

POLITISCHER HERBST

Die Krise rund um Hannes Androsch, Wirtschaftsprobleme, die Niederlage bei der Zwentendorf-Volksabstimmung und gesundheitliche Sorgen kündigen den Beginn des politischen Herbstes für Langzeit-Kanzler Bruno Kreisky an. Von ihm stammt der Ausspruch: „Vier Journalisten (Lendvai, Ritschel, Reimann und Vodopivec) haben sich in drei Büchern mit mir beschäftigt – und dennoch, wenn's mir auch die meisten nicht glauben wollen, ist es so, daß ich keines der Bücher bisher wirklich gelesen habe. Für mich gibt es, vom Sujet her, noch interessantere Bücher auf meinem Tisch. Ich sage das nicht aus falscher Bescheidenheit – eine Eigenschaft, die mich keineswegs kennzeichnet, die hat mir mein Vater ausgetrieben –, übrigens nicht durch eine lehrhafte Formel von Äsop, sondern durch eine kabarettistische Anekdote: Es streiten zwei bekannte Komiker. Sagt der eine zum anderen: ‚Mach Dich nicht so klein, Du bist gar nicht so groß!'"

SECESSION 1978

Aufbruch moderner Kunst in den 70ern: Die Galerien schießen wie Schwammerln aus dem Boden, das heißt, erstmals kann man sie nicht mehr an den Fingern einer Hand abzählen. Kunstmessen zeigen, wo's langgeht – und die Österreicher staunen, daß manche ihre Bilder nicht mehr nach dem Farbton der Tapete aussuchen.

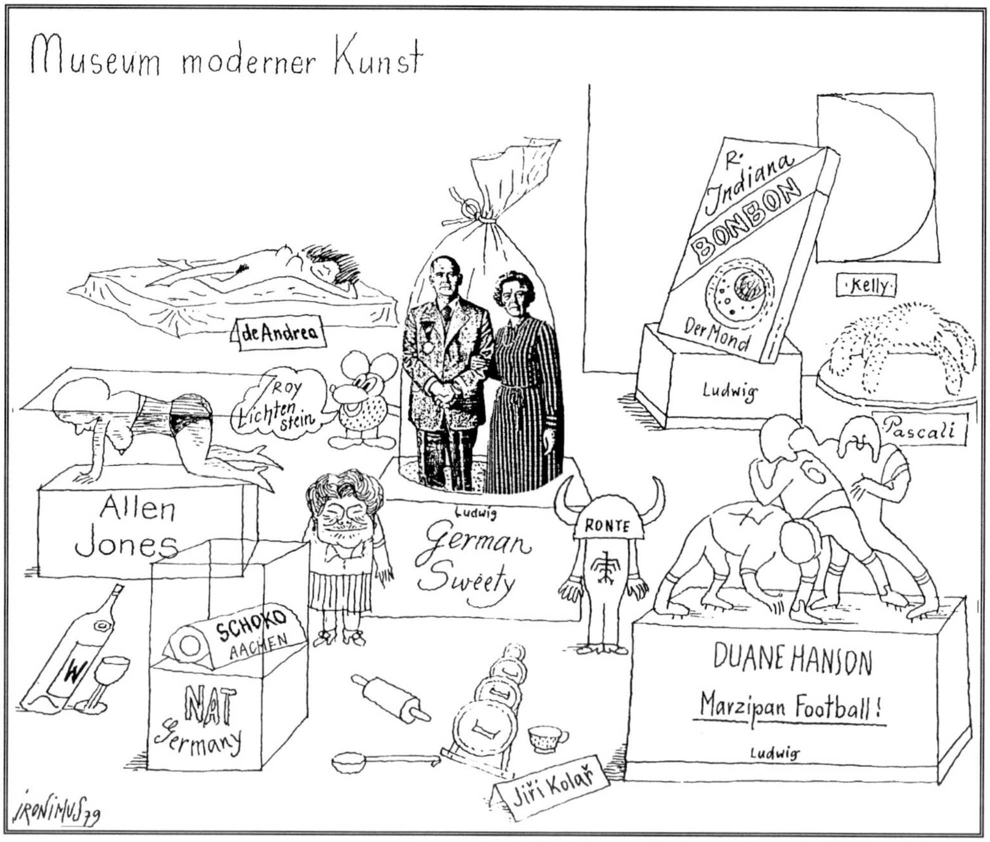

NEUES MUSEUM FÜR WIEN

Was passiert, wenn ein deutscher Schokoladenfabrikant der Republik Österreich Teile seiner Kunstsammlung überläßt? Freudig macht Ministerin Firnberg aus dem Barockpalais Liechtenstein das Museum moderner Kunst, in dem die Sammlung des Ehepaares Peter und Irene Ludwig einen entsprechenden Rahmen findet.

DER ROTE MONARCH

Bruno Kreisky, der Altösterreicher im Kanzleramt, liquidiert Anfang der siebziger Jahre mit seinem Händedruck mit Otto Habsburg, dem Sohn des letzten Kaisers, den Habsburg-Kannibalismus der SPÖ. Nicht nur das: Kaiserin Zita darf ohne Verzichtserklärung nach Österreich einreisen. Schließlich läßt sich der rote „Sonnenkönig" für eine Wahlkampfbroschüre unter einem Bild von Kaiser Franz Joseph abbilden – und gewinnt die Nationalratswahl 1979.

Chronik 1970–1979

1970

1. 3. Nationalratswahl. Die SPÖ wird stärkste Partei in Österreich. Mandatsstand: SPÖ 81 (48,42%), ÖVP 78 (44,69%), FPÖ 6 (5,52%).
13. 3. Karl Schranz wird zum zweiten Mal Sieger im Skiweltcup.
20. 4. Bruno Kreisky bildet seine erste (Minderheits-)Alleinregierung.
Mai/Juni. Im Rahmen der Wiener Festwochen wird zum erstenmal ein Avantgardeprogramm unter dem Titel „Arena 70" veranstaltet.
23. 6. Die Verurteilung zu einem Jahr Gefängnis von Franz Olah ist rechtskräftig.

Steirischer Landesvater Josef Krainer

24. 7. Das Bundesministerium für Wissenschaft und Forschung wird geschaffen, erster Minister ist Hertha Firnberg.
26. 7. Eröffnung der von Prof. Clemens Holzmeister neugestalteten Felsenreitschule in Salzburg mit der Oper „Fidelio".
1. 9. Der ORF hat ab nun täglich ein zweites Fernsehprogramm.
5. 9. Die erste Nummer des unabhängigen Wochenmagazins „profil" erscheint.
Jochen Rindt, Formel-I-Rennfahrer, verunglückt 28jährig beim Training in Monza tödlich.
24. 11. Die Vorwärts AG (SPÖ) verkauft die Wiener Tageszeitung „Express". Wenige Tage später wird er mit der „Kronen-Zeitung" verschmolzen.
17. 12. Der Wiener Bürgermeister Bruno Marek erklärt seinen Rücktritt.
21. 12. Felix Slavik wird Bürgermeister von Wien (bis 5. 7. 1973).

1971

8. 2. Brigadier Karl Lütgendorf wird Minster für Landesverteidigung.
5. 3. Gerd Bacher wird erneut zum Generalintendanten des ORF gewählt.
25. 4. Bundespräsidentenwahl. Franz Jonas wird wiedergewählt. Der Gegenkandidat der ÖVP, Kurt Waldheim, unterliegt eindeutig.
3. 5. Erwin Wenzl wird Landeshauptmann von Oberösterreich (bis 19. 10. 1977).
16. 5. Karl Farkas, Kabarettist, stirbt in Wien (geboren 28. 10. 1893 in Wien).
4. 6. Karl Schleinzer wird zum neuen Bundesparteiobmann der ÖVP gewählt.
9. 6. Die österreichischen Bischöfe nehmen zur Strafrechtsreform Stellung: Nein zur Abtreibung, aber liberale Haltung zu Ehebruch, Pornographie und Homosexualität.

15. 6. Eröffnung des Sigmund-Freud-Museums in Freuds ehemaliger Wohnung, Wien IX., Berggasse 19.

15. 7. Die Wehrgesetznovelle wird angenommen – sechs Monate Präsenzdienst.

26. – 30. 7. Internationaler Psychoanalytischer Kongreß in Wien mit Anna Freud.

10. 10. Nationalratswahl. Mandate: SPÖ 93, ÖVP 80, FPÖ 10. Das Kabinett Kreisky II wird gebildet.

28. 11. Landeshauptmann Josef Krainer stirbt in Graz. Sein Nachfolger wird Friedrich Niederl (bis 4. 7. 1980).

12. 12. Max Mell, Dichter, stirbt in Wien (geboren 10. 11. 1882 in Marburg a.d. Drau).

22. 12. Kurt Waldheim wird zum UNO-Generalsekretär gewählt.

Waldheim goes UNO

1972

21. 1. Die Errichtung eines Bundesministeriums für Gesundheit und Umweltschutz wird im Nationalrat beschlossen.

8. 2. Karl Schranz, der in Sapporo vom IOK von der Olympiade ausgeschlossen wurde, wird in Wien ein triumphaler Empfang bereitet.

2. 3. Annemarie Pröll gewinnt den Skiweltcup.

23. 3. Unterrichtsminister Sinowatz kündigt die Ausgabe von Bücherschecks zum kostenlosen Bezug von Schulbüchern ab dem Schuljahr 1972/73 an.

20. – 22. 5. US-Präsident Nixon unterbricht in Salzburg seine Reise in die UdSSR.

27. 7. Richard Nikolaus Graf Coudenhove-Kalergi, Schriftsteller, stirbt in Schruns/Vorarlberg (geboren 16. 11. 1894 in Tokio).

28. 7. Ludwig Polsterer verkauft den „Kurier" und die Großdruckerei Waldheim-Eberle.

1. 8. Ernst Fischer, Politiker und Schriftsteller, stirbt in Deutschfeistritz/Stmk. (geboren 3. 7. 1899 in Komotau/Böhmen).

4. 8. Theaterskandal bei den Salzburger Festspielen (Thomas Bernhard, „Der Intrigant und der Wahnsinnige"). Grund ist die von Regisseur Claus Peymann geforderte Ausschaltung der gesamten Beleuchtung, inklusive der Notbeleuchtung.

12. – 17. 9. Glanzvolle Feierlichkeiten anläßlich der 400-Jahr-Feier der Spanischen Hofreitschule.

14. 10. Der erste Tunnel der Wiener U-Bahn vom Karlsplatz zum Stephansplatz (680 m) ist fertig.

21. 12. Gegenseitige Anerkennung und Aufnahme diplomatischer Beziehungen zwischen Österreich und der DDR.

1973

1. 1. Die Mehrwertsteuer und das Freihandelsabkommen mit der EWG treten in Kraft.

16. 1. Österreich nimmt zum erstenmal als Mitglied des Sicherheitsrates der UNO an einer Sitzung teil.

20. 1. Lorenz Böhler, Unfallchirurg, stirbt in Wien (geboren 15. 1. 1885 in Wolfurt/Vbg.).

14. 2. Der Nationalrat beschließt einstimmig die Herabsetzung des Großjährigkeitsalters auf 19 Jahre (ab 1. Juli).

Requiem für ein Projekt: Bürgermeister Felix Slavik demissioniert.

3. 4. Der Konflikt um den Bau des neuen Gebäudes für das Zoologische Institut im Wiener Sternwartepark ist auf dem Höhepunkt.

Frühjahrsputz: Leopold Gratz wird neuer Wiener Bürgermeister

16. 5. Albert Paris Gütersloh (eigentl. Albert Conrad Kiehtreiber), Maler und Schriftsteller, stirbt in Baden bei Wien (geboren 5. 2. 1887 in Wien).
4. 6. Leopold Gratz wird neuer Bürgermeister von Wien (bis 10. 9. 1984).
28. 9. Erster Terroranschlag palästinensischer Guerillas in Österreich (Bahnhof Marchegg).
11. 10. Die beiden österreichischen Verhaltensforscher Karl von Frisch und Konrad Lorenz erhalten gemeinsam den Nobelpreis für Physiologie und Medizin.
17. 10. Ingeborg Bachmann, Schriftstellerin, stirbt in Rom (geboren 25. 6. 1926 in Klagenfurt).
4. 11. Karl Heinrich Waggerl, Erzähler, stirbt in Schwarzach im Pongau/Sbg. (geboren 10. 12. 1897 in Badgastein).
29. 11. Das neue Strafrecht wird beschlossen – die Fristenlösung bei Abtreibung mit Mehrheitsentscheid durch die SPÖ.

1974

19. 1. Der Tauerntunnel ist nach dreijähriger Bauzeit fertiggestellt.
6. 3. Der Nationalrat beschließt das Zivildienstgesetz, da immer mehr Präsenzdiener den Dienst ohne Waffe verlangen.
23. 3. In Linz wird die Brucknerhalle mit dem „Bruckner-Dialog" von Gottfried von Einem eröffnet.
19. 4. Leopold Wagner wird neuer Landeshauptmann von Kärnten (bis 27. 9. 1988).
22. – 26. 4. Karl-Kraus-Woche in Wien anläßlich seines 100. Geburtstages.

Die Linzer Brucknerhalle

24. 4. Bundespräsident Franz Jonas stirbt in Wien (geboren 4. 10. 1899 in Wien).
23. 6. Der von Bruno Kreisky nominierte parteilose Außenminister Rudolf Kirchschläger wird zum neuen Bundespräsidenten gewählt.
6. 8. Wiens erste Fußgängerzone in der Kärntner Straße wird offiziell eröffnet.
1. 5. Eine Höchstgeschwindigkeit von 130 km/h wird auf den österreichischen Autobahnen vorgeschrieben.
3. 9. Wegen Zahlungsunfähigkeit muß die Allgemeine Wirtschaftsbank AG in Wien schließen. Der erste Bankkrach in der Zweiten Republik.
9. 10. Der Nationalökonom Friedrich August von Hayek erhält den Nobelpreis für Wirtschaftswissenschaften.
11. 10. Otto Oberhammer wird zum Generalintendanten des ORF gewählt.
12. 10. Felix Hurdes, ÖVP-Politiker und einer der Parteimitbegründer, stirbt in Wien (geboren 9. 8. 1901 in Bruneck/Südtirol).

1975

24. 2. Annemarie Moser-Pröll wird zum fünften Mal Skiweltcupsiegerin.
12./13. 3. Vorlesungsstreik an den österreichischen Hochschulen wegen des neuen Universitätsorganisationsgesetzes (wird am 11. April beschlossen).
20./21. 5. Gespräche zwischen dem US-Außenminister Henry Kissinger und seinem sowjetischen Kollegen Andrej Gromyko in Wien über die Lage im Nahen Osten.
30. 5. Der ägyptische Staatspräsident Anwar as-Sadat trifft in Wien ein, von wo er nach Salzburg fährt, um auf Schloß Klesheim den amerikanischen Präsidenten Ford zu treffen.
21. 6. Die Scheitelstrecke der Tauernautobahn wird eröffnet.
27. 6. Robert Stolz, Komponist, stirbt in Wien (geboren 25. 8. 1880 in Graz).
1. 7. Gustinus Ambrosi, Bildhauer, begeht in Wien Selbstmord (geboren 24. 2. 1893 in Eisenstadt).
31. 7. Josef Taus wird zum Bundesparteiobmann der ÖVP gewählt, Erhard Busek zum Generalsekretär.
28. 8. Fritz Wotruba, Bildhauer, stirbt in Wien (geboren 23. 4. 1907 in Wien).
7. 9. Niki Lauda wird Weltmeister in der Formel I.
5. 10. Bei den Nationalratswahlen erhält die SPÖ die absolute Mehrheit und 93 Mandate; ÖVP 80, FPÖ 10.

US-Präsident John Ford (Mitte) mit seiner Frau trifft in Salzburg den ägyptischen Staatschef Anwar as-Sadat. Links Bruno Kreisky, rechts Sadats Nachfolger Mubarak.

21. 12. Terroranschlag auf den Sitz der OPEC in Wien.

1976

1. 1. Neues Familien(Ehe-)recht: Der Mann kann auch den Namen der Frau annehmen (Gesetz tritt erst am 1. 1. 1977 in Kraft).
4. 2. Bundespräsident Kirchschläger eröffnet in Innsbruck die XII. Olympischen Winterspiele.
5. – 7. 3. Anton Innauer stellt beim Skispringen in Oberstdorf einen neuen Weltrekord auf.
16. 3. Kreisky erklärt die Anerkennung der PLO durch Österreich.
4. 4. Feierliche Matinee im Wiener Burgtheater anläßlich „200 Jahre Nationaltheater nächst der Burg".
1. 7. Die Kennzeichnungspflicht (Haltbarkeitsdatum) für Lebensmittel tritt in Kraft.
3. 7. Alexander Lernet-Holenia, Schriftsteller, stirbt in Wien (geboren 21. 10. 1897 in Wien).
1. 8. Um 4 Uhr 43 stürzt die Wiener Reichsbrücke ein.
26. 8. Die Landesparteileitung der Wiener ÖVP bestellt Erhard Busek zum neuen Wiener Landesparteiobmann.
16. 9. Sixtus Lanner wird Generalsekretär der ÖVP.
29. 9. Hannes Androsch wird als Vizekanzler angelobt.
24. 10. Die Wotruba-Kirche zur Hl. Dreifaltigkeit am Georgenberg in Wien-Mauer wird eingeweiht.
13. 12. Schießerei in der Wiener Innenstadt nach einem

Nach dem Einsturz im Morgengrauen: Reichsbrückenneubau im Sonderangebot!

Bankraub. Am Frankfurter Flughafen wird die beteiligte Terroristin Waltraud Book verhaftet.
23. 12. Herbert Ursprunger wird im Bauring-Prozeß zu sechs Jahren Haft verurteilt.

1977

19. 1. Sondersitzung des Nationalrates wegen der Munitions- und Waffenaffäre des Bundesheeres.
19. 2. Aufklärung des größten Kunstdiebstahls in Österreich, Kunstgegenstände im Wert von über 120 Millionen Schilling werden sichergestellt.

Wilfried Haslauer, Landeshauptmann von Salzburg

20. 4. Wilfried Haslauer wird Landeshauptmann von Salzburg (bis 2. 5. 1989).
8. 6. Umbildung des Kabinetts Kreisky III. Otto Rösch wird nach Karl Lütgendorf Verteidigungsminister.
30. 6. Die erste zweisprachige Ortstafel wird in Zell-Pfarre (Kärnten) aufgestellt.
13. 7. Der modernste und größte Hochofen der Welt wird bei der VÖEST in Betrieb genommen.
16. 9. Kurt Moldovan, Maler, stirbt in Wien (geboren 22. 6. 1918 in Wien).

Der oberösterreichische Landeshauptmann Erwin Wenzl schickt sich selbst in Pension.

19. 10. Josef Ratzenböck wird Landeshauptmann von Oberösterreich.
9. 11. Der Industrielle Walter Michael Palmers wird von Mitgliedern der Roten-Armee-Fraktion entführt.
12. 12. Die Frau des Wiener Textilunternehmers Leopold Böhm wird entführt und am 17. Dezember gegen ein Lösegeld von 25,7 Millionen Schilling wieder freigelassen.
22. 12. Ernst Waldbrunn, Schauspieler, stirbt in Wien (geboren 14. 8. 1907 in Krumau/Böhmen).

1978

30. 1. Stefan Koren (ÖVP) wird als Präsident der Oesterreichischen Nationalbank angelobt.
11. 2. Ägyptens Staatspräsident Anwar as-Sadat trifft auf Schloß Klesheim mit dem israelischen Oppositionsführer Shimon Peres zu einem von Bruno Kreisky vermittelten Gespräch ein.
25. 2. Das erste Teilstück der Wiener U-Bahn wird eröffnet (Karlsplatz bis Reumannplatz).

Die Eröffnung des Museums Moderner Kunst im Palais Liechtenstein mit Hannes Androsch und Fred Sinowatz – vor einem „Adam" Rudolf Hausners.

11. 4. Henry Moore kommt nach Wien, um die Aufstellung seiner der Stadt geschenkten Plastik „Hill Arches" vor der Karlskirche zu leiten.
17. 4. Ewald Balser, Kammerschauspieler, stirbt in Wien (geboren 5. 10. 1898 in Elberfeld).
4. 5. Das neue „Schauspielhaus" in Wien wird unter der Direktion von Hans Gratzer eröffnet.
8. 5. Weltrekord am Mount Everest: Peter Habeler und Reinhold Messner besteigen ihn ohne Sauerstoffgeräte.
21. 6. Bei der XI. Fußballweltmeisterschaft gewinnt Österreich gegen Deutschland 3 : 2 durch ein Tor von Hans Krankl. Es ist dies der erste Sieg über Deutschland nach 47 Jahren.
18. 10. Der Nationalrat beschließt das „Datenschutzgesetz".
5. 11. Bei der Volksabstimmung über Zwentendorf entscheidet sich eine knappe Mehrheit gegen die Inbetriebnahme des Kernkraftwerks.
10. 11. Theo Lingen, Schauspieler, stirbt in Wien (geboren 10. 6. 1903 in Hannover).
1. 12. Der Arlberg-Straßentunnel wird eröffnet.
19. 12. Gerd Bacher wird zum Generalintendanten des ORF bestellt.

1979

1. 2. Außenminister Willibald Pahr wird in Straßburg überfallen, ausgeraubt und niedergeschlagen.
7. 2. Ein Großbrand vernichtet das Kaufhaus Gerngroß in Wien.
26. 4. Das „Museum moderner Kunst" im Palais Liechtenstein in Wien wird eröffnet.
6. 5. Bei den Nationalratswahlen gewinnt die SPÖ mit geringem Stimmenzuwachs, das Kabinett bleibt unverändert.
17. 6. Alois Mock löst Josef Taus als ÖVP-Bundesparteiobmann ab.
23. 8. Die UNO-City wird in Wien ihrer Bestimmung übergeben.
30. 8. Ein Großbrand im Gebäude der Oesterreichischen Nationalbank richtet schwere Schäden an.
2. – 30. 9. Im Rahmen des „Internationalen Bruckner-Festes '79" in Linz wird eine elektronische „Klangwolke" über der Stadt erzeugt.
31. 10. Carl Merz, Schriftsteller und Kabarettist, stirbt in Wien (geboren 30. 1. 1979 in Kronstadt/Siebenbürgen).
5. 11. Bundeskanzler Kreisky bildet sein Kabinett um – Herbert Salcher wird neuer Bundesminister für Gesundheit und Umweltschutz.
10. 11. Friedrich Torberg (eigentl. Kantor-Berg), Schriftsteller, stirbt in Wien (geboren 16. 9. 1908 in Wien).
20. 11. In Wien wird die erste Moschee auf österreichischem Boden eingeweiht.

Friedrich Torberg (rechts) im Café Hawelka im Gespräch mit dem Graphiker Kurt Moldovan.

Die achtziger Jahre (1980–89)

Der langjährige Unterrichtsminister Dr. Fred Sinowatz, der 1983 nach dem Verlust der absoluten SPÖ-Mehrheit Kreisky als Kanzler und in der Folge auch als Parteivorsitzender ablöste, entstammt bescheidenen Verhältnissen. Sinowatz wurde von einem Schweizer Journalisten einmal gefragt, ob er nicht irgendwann ein Erlebnis gehabt habe, das er mit der Schweiz verbinde. Der Kanzler erinnerte sich daran, als Kind einmal nach Dänemark auf Erholung geschickt worden zu sein. In Basel mußte er umsteigen: „Dort sah ich zum erstenmal, daß es Schokolade in einem Geschäft zu kaufen gibt."

Die Freundlichkeit der Sowjets gegenüber österreichischen Gästen war bei einem offiziellen Besuch von Fred Sinowatz fast nicht zu überbieten. Auf die Frage, ob bei einer allfälligen neuen Verschärfung der internationalen Lage nicht eine Umarmung Österreichs durch die UdSSR drohe, meinte der Kanzler: „Mich zu umarmen, ist schon wegen meines Habitus nicht leicht – und das gilt auch für die österreichische Politik."

Vom Gespräch mit Staats- und Parteichef Tschernenko zitierte Sinowatz den Gastgeber vor österreichischen Presseleuten: „Die internationale Lage ist äußerst kompliziert. Bitte, das sind seine Worte..."

Dem Ministerpräsidenten von Kroatien wurde ein von der Protokollabteilung des Bundeskanzleramtes ausgewähltes Fernglas als Geschenk aus Österreich überreicht. Sinowatz interpretierte das in Anspielung auf die wirtschaftliche Situation Jugoslawiens: „Auf der einen Seite kann er sehen, daß die Lösung der Probleme sehr nahe ist; wenn er auf der anderen Seite ins Fernglas schaut, sieht er, daß die Schwierigkeiten sehr weit weg sind ..."

„Eine solche Reise ist die größte Herausforderung, was das Gewicht betrifft", meinte Bundeskanzler Fred Sinowatz auf der Heimfahrt aus Jugoslawien auf die Frage, wieviele Kilo ihm der strapaziöse Besuch abverlangt habe. Auf eine Detailantwort ließ sich der permanent gegen Übergewicht kämpfende Kanzler aber nicht ein: „Ich habe ja meine Frau mitgehabt, aber das hat nicht viel genützt. Ich bin ein freundlicher Mensch und kann nicht nein sagen, wenn ich bewirtet werde."

Auszug aus Egon Linortners „Kleiner Sonntagsplauderei" in der „Kärntner Volkszeitung" über den roten Regierungschef und seinen blauen Vize: „Wenn man die beiden bei Pressekonferenzen am Bildschirm sieht, dann kommt mir der Steger vor, als wäre er der eigentliche Bundeskanzler und der Sinowatz wie ein U-Boot-Kommandant, dem der Kreisky vergessen hat, die Torpedos mitzugeben."

Auf der Bahnfahrt zu einem Staatsbesuch wurde Bundeskanzler Sinowatz darauf hingewiesen, daß nun Vizekanzler Steger die Regierung übernehmen und sich selbstbewußt in den Kanzlerstuhl werfen werde. Sinowatz: „Ich halt's aus." Gegenfrage: „Aber ob's Österreich auch aushält?" Sinowatz: „So lang bin ich ja auch wieder nicht weg."

Und wieder ein Seitenhieb auf Vizekanzler Norbert

Steger. Auf einer Zugfahrt rutschte Fred Sinowatz die Bezeichnung „Staatssekretär Steger" heraus. Das könne passieren, meinte ein Berichterstatter der „Oberösterreichischen Nachrichten", bemerkenswert sei bloß, daß dem Bundeskanzler solche Versprecher nicht peinlich sind. Er scheine sie sogar zu genießen, lasse sie förmlich auf der Zunge zergehen.

Fred Sinowatz auf den Spuren des Arabien-Experten Bruno Kreisky im Mittleren Osten. „Kreisky hat mir früher oft von Ihrer hervorragenden Arbeit erzählt", rühmte der Emir von Abu Dhabi, Scheich Zayed Bin Sultan Al Nahyan, seinen Gast. Um dann mit seinen dunklen Adleraugen zu blitzen – und zu ergänzen: „Es gibt Schüler, die werden so gut wie ihre Lehrer, und manche werden sogar noch besser als ihre Lehrer..." Inzwischen liegt es bereits an Sinowatz-Nachfolger Vranitzky, die Probe auf's Exempel zu machen.

Herr Weinstein im „Kurier" nach dem Parteiausschluß von Günther Nenning, der sich im Streit um das Donaukraftwerk Hainburg auf seiten der Umweltschützer engagiert und die SPÖ-Führung heftig angegriffen hatte: „Ans is ma net ganz klar. Hat jetzt die SPÖ den Nenning oder der Nenning die SPÖ aus der sozialistischen Bewegung ausgeschlossen?"

Nach der Preisverleihung für den Oberst-Redl-Film wurde Klaus Maria Brandauer von französischen Aristokraten auf ihr Schloß eingeladen. Es gab ein beeindruckendes Diner, bei dem der Star neben einer alten Dame zu sitzen kam. Sie sah ihn bewundernd an, dann meinte sie: „Mit Ihrem Aussehen, Monsieur, könnten Sie auch beim Film Karriere machen!" Brandauer antwortete liebenswürdig: „Pardon, Madame, aber ich heiße Klaus Maria Brandauer!" „Das ist egal, junger Mann", meinte die alte Dame, „den Namen kann man ja leicht ändern."

Aus Klagenfurt stammte Ing. Edi Finger, der „Torschreier der Nation". Er war mehr als bloß ein Journalist, er war ein Seher. Er sah Dinge, die es gar nicht gab. Bei Sportübertragungen von Skirennen bei dichtestem Nebel berichtete er mühelos und in farbigsten Details, obwohl mit freiem Auge wirklich kein Schatten auszumachen war. Einmal darauf angesprochen, gab er zu bedenken: „Ich bin Reporter und kein Schiedsrichter. Nur ein Schiedsrichter muß alles sehen können."

Der Skirennläufer Franz Klammer war zwar lange Zeit das Aushängeschild des Kärntner Sportgeschehens, die heimliche Liebe der Kärntner gilt allerdings dem Eishockey, und die bekannte Rivalität zwischen Klagenfurt und Villach hat auf dem Eisparkett ihren legitimen Austragungsort. Als der KAC einmal die Meisterschaft gewann, machte folgender Spruch in Klagenfurt die Runde: Man kann einen Kärntner nicht aufs Eis führen, und wenn – dann spielt er Eishockey und wird österreichischer Meister!

Was ihn an der Zeit heute störe, wurde der damals auf den Neunziger zugehende Alt-Landeshauptmann von Oberösterreich, Heinrich Gleißner, 1982 gefragt. Seine Antwort: „Daß nur Extreme wirken, nur die schärfsten Formulierungen ankommen." Und Gleißner fügte hinzu: „Wir älteren Menschen stehen vor einem Ölbild, betrachten es aus entsprechender Entfernung und sehen die Heimat, den Frieden, sehen das alles schön und klar. Die Jugend steht knapp davor und sieht nur lauter Farbpatzen!"

Der Oberösterreicher Thomas Bernhard reagierte gekränkt und wehleidig auf Kritik, war aber selbst wenig zimperlich beim Austeilen. Im „Spiegel" hatte Herbert Eisenreich Bernhards Roman „Verstörung" – zugegeben, nicht gerade positiv – besprochen. Der gekränkte Autor ließ darauf folgenden Leserbrief einrücken: „Mein nächstes Buch lassen Sie bitte gleich von einem natürlich in Oberösterreich geborenen oder ansässigen Schimpansen oder Maulaffen besprechen."

DER ÖKO-POLDI

Ökologisches Bewußtsein ist „in" – das heißt Zugzwang für alle Parteien. So grünt es im Zeitalter der Grünbewegungen auch im schönen roten Wien: Leopold Gratz gibt Öko-Guru Friedensreich Hundertwasser den Auftrag zur Gestaltung eines Hauses – und den Wienern, sonst allzu kritisch gegenüber Neuem, gefällt's. Schon bald ist die „Bio-Burg" in Wien III, mit der Hundertwasser gegen die „Mordwaffe Architekturlineal" kämpft, auch beliebter Anziehungspunkt für Touristen.

DIE INTERNATIONALEN

Heimspiel in Wien: 1980 kommt es bei einem Treffen der Sozialistischen Internationale zu einem Großauftritt sozialdemokratischer Stars.
Bruno Kreisky empfängt den Vorsitzenden der sozialdemokratischen Partei Schwedens, Olof Palme, und Willy Brandt, den ehemaligen deutschen Bundeskanzler, langjähriger SPD-Vorsitzender und Präsident der Sozialistischen Internationale, als Gäste (gegenüberliegende Seite).

KAMPFPAUSE

Die beiden Kampfhähne Aug in Aug: der Kanzler, Bruno Kreisky, und sein Vize und Finanzminister Hannes Androsch. Der eine schießt via Zeitung auf den anderen, der andere kontert via Fernsehen. Zahn um Zahn: so sieht die SPÖ-interne Meinungsvielfalt anno 1980 aus.

„FÜHRENDE ROLLE"

„Karajan hier, Karajan da" – der Kulturzampano Herbert von Karajan, seit 1956 künstlerischer Leiter der Salzburger Festspiele, gleichzeitig (bis 1964) Direktor der Wiener Staatsoper und Begründer und Gesamtleiter der Salzburger Osterfestspiele, dirigiert Österreichs Kultur: Er schafft an, man folgt ihm nach.
Das Bild auf der gegenüberliegenden Seite zeigt ihn am Dirigentenpult bei den Salzburger Festspielen.

CLOWNFESTIVAL

Wien-Kulturmacher Helmut Zilk läßt sich die Festwochen 1981 etwas kosten. Die Wiener, denen angesichts der Rathausskandale das Lachen vergangen ist, sollen es von den Spaßmachern wieder lernen.
Helmut Zilk ist seit 1979 Stadtrat für Kultur, bevor er 1983 Unterrichtsminister und 1984 Wiener Bürgermeister wird.

MIT ROTER TINTE

Justizminister Christian Broda, der Gesellschaftsreformer in der Kreisky-Alleinregierung, macht sich nach der Neugestaltung von Straf- und Familienrecht an ein neues Mietrecht. Die Opposition sagt ihm nach, damit sozialistische Parteipolitik zu betreiben.

SALZBURGER NOCKERLN

Der Aufstieg der Grünen beginnt in Salzburg. Eine bittere Spezialität serviert bei den Gemeinderatswahlen 1982 die Bürgerliste des Herbert Fux den eingesessenen Parteien. Dieser Wahlausgang erzeugt vor allem bei der FPÖ Götterdämmerungsstimmung. Das Bild auf der gegenüberliegenden Seite zeigt den einstigen „Filmbösewicht" Herbert Fux als Grün-Politiker.

DAS GRÜNE WIEN

Vizebürgermeister und ÖVP-Obmann Erhard Busek, der bei der Gemeinderatswahl am 24. April 1983 mit griffigen Sprüchen für grüne Politik und die Wiener Szenekultur eintritt, verdankt die ÖVP, daß ihr die SPÖ ein Mandat abtreten muß. Angesichts des Mißerfolgs der „wirklichen" Grünen hätten der langjährige Wiener Bürgermeister Leopold Gratz und Erhard Busek – im Bild links in totaler Identifikation mit Wien – triumphierend im Duett singen können: Sagt uns, wo die Grünen waren …

DIE MILLIARDENSPRITZE

Als Faß ohne Boden entpuppt sich spätestens Anfang der achtziger Jahre Österreichs verstaatlichte Industrie. Eine Milliardenspritze aus Steuergeldern folgt der anderen. Schließlich lautet ein Motto Bruno Kreiskys: höhere Staatsschulden bereiten ihm weniger schlaflose Nächte als mehr Arbeitslose.

ICH SCHWÖRE…

Bruno Kreisky, mittlerweile 72 Jahre alt und nicht gerade bei bester Gesundheit, zieht 1983 ein letztes Mal in einen Nationalratswahlkampf. Im Mittelpunkt der Auseinandersetzungen steht ein von Bruno Kreisky gemeinsam mit Finanzminister Herbert Salcher geschnürtes „Mallorca-Paket" wirtschaftlicher Maßnahmen. Die ÖVP will die kleinen Sparer vor einer drohenden „Sparbuchsteuer" schützen. Bruno Kreisky schwört…

LETZTE EINFÄDELUNG?

Wer fädelt das rot-blaue Bündnis ein, nachdem die SPÖ die absolute Mehrheit verloren hat? Natürlich Bruno Kreisky, der seiner Partei seit 1970 diese Option offengehalten hat. Jetzt ist es soweit: Die Freiheitlichen werden regierungsfähig.

DER SCHÖNE FRED

Während der Koalitionsverhandlungen der SPÖ mit den Freiheitlichen macht sich Vizekanzler und Unterrichtsminister Fred Sinowatz schön für die blaue Braut, die ihm Noch-Parteivorsitzender Bruno Kreisky zuführt.

IRONIMUS 83

NOCH BIS ZUM HERBST . . .

Der „Sonnenkönig" übergibt den Kanzlerstuhl an den bisherigen Unterrichtsminister, der sich um dieses Amt wahrlich nicht gerissen hat. Fred Sinowatz trägt schwer am Erbe Bruno Kreiskys, aus dessen Schatten er nicht zu treten vermag. Das Bild oben zeigt den scheidenden und den designierten Bundeskanzler im Gespräch.

DER KIRCHENFÜRST

Kardinal Franz König, seit 1956 Erzbischof von Wien, ist ein Meister kirchlicher Diplomatie und eine beliebte Integrationsfigur. Der Dialog mit den Sozialisten ist eine typische „Königs-Idee", die von Bruno Kreisky mal erwidert, mal negiert wird. Auf jeden Fall trägt sie wesentlich zur Entspannung des Klimas zwischen Politik und Kirche bei.

VÖEST-SPIELE

Wieder einmal soll die VÖEST reorganisiert werden. Und wieder einmal zieht ÖGB-Langzeitpräsident Anton Benya die Fäden. Anton Benya im Gespräch mit Rudolf Sallinger, dem Präsidenten der Bundeswirtschaftskammer (gegenüberliegende Seite): Die gute Zusammenarbeit der beiden Sozialpartner ist legendär.

DER SCHWERERZIEHBARE

Er geht über Scherben, wo andere mühsam zu kitten versuchen. Ist Michael Graff wirklich unbelehrbar, oder bringt er mit seinem neuen Stil nur Alois Mock und Erhard Busek zur Verzweiflung? („Die Presse", 18. Juli 1984.) Die ÖVP-Politiker Alois Mock, Josef Taus und Michael Graff im Parlament (v.l.n.r. gegenüberliegende Seite).

REGIERUNG UNTERWEGS

Der rote Kanzler am Steuer, der blaue Partner als Mehrheitsbeschaffer. So sieht ein Großteil der Öffentlichkeit die Aufgabenteilung zwischen Fred Sinowatz und Vizekanzler und Handelsminister Norbert Steger. Offenbar auch ein junger Oberösterreicher namens Jörg Haider, der von Kärnten aus am Sessel des FPÖ-Obmanns zu sägen beginnt …

DER UMBAU

Regierungsumbildung auf österreichisch: Ironimus weiß bereits Details. Fred S. hingegen will noch nichts bestätigen: „Alles Gerüchte." Am Abend desselben Tages ist es dann soweit. Leopold Gratz wird Außenminister, Helmut Zilk übernimmt dessen Wiener Bürgermeistersessel.

STRAHLER '84

Auf Leopold Gratz folgt 1984 Helmut Zilk als Wiener Bürgermeister. Erhard Busek, ÖVP-Stadtchef im Aufwind, hat das Nachsehen. Zilk entpuppt sich als Strahlemann im Rathaus, der es versteht, sich nicht nur medial in Szene zu setzen.

SCHEINBAR GESCHLAGEN

Die Hainburger Au wird in den achtziger Jahren so etwas wie ein Woodstock der heimischen Grünbewegten. Neben dem bekannten Verhaltensforscher Konrad Lorenz und dem Publizisten Günther Nenning ziehen auch reifere Semester, unterstützt von der „Kronen-Zeitung“, in den Kampf gegen den drohenden Bau eines Kraftwerks an der Donau, dem ein großes Stück Auwald zum Opfer fallen soll.
Unter den „Au-Besetzern“ befinden sich neben Günther Nenning (Mitte) auch die Grün-Politiker Freda Meissner-Blau und Kaspanaze Sima (gegenüberliegende Seite).

DER BURGENLÄNDER

Der Weinskandal beschert der rot-blauen Koalition eine ihrer zahlreichen Erschütterungen. Fred Sinowatz, der Kanzler aus der Weinbauregion Burgenland, eilt zur Rettung der Ehre unserer Winzer an die Front. Jahre später wissen Österreichs Weinkenner: Der Weinskandal hat dazu geführt, daß heimische Weine endlich internationale Qualität erreichen, was freilich auch höhere Preise bedeutet.

MOSTSCHÄDEL

Nur einer kann nach dem Wahlsieg frohgemut aus dem Mostglas blicken: Oberösterreichs ÖVP-Star Josef Ratzenböck, Landeshauptmann seit 1977, hat Rot und Blau die Hüte über die Ohren getrieben, Grün verwelkte völlig. („Die Presse", 8. Oktober 1985.)

NACHTSCHATTENGEWÄCHS

Kümmert sich Heinz Fischer, seit 1983 Wissenschaftsminister, zuviel um die Partei und müssen Österreichs hohe Schulen deshalb als Nachtschattengewächse dahinvegetieren?

„UHBP“ – UNSER HERR BUNDESPRÄSIDENT

Die Schlacht ist geschlagen. Kurt Waldheim, ehemaliger UNO-Generalsekretär und wegen seiner Kriegsvergangenheit heftig umfehdeter ÖVP-Kandidat, ist der neue Bundespräsident. Das angebliche Diktum über die „braune Vergangenheit“ Waldheims kostet Fred Sinowatz wahrscheinlich seinen Platz in der Ahnengalerie der SP-Granden und seinen Job.

DAS KANZLERRENNEN

Eines ist sicher: Ohne den Wechsel im Kanzleramt (September 1986) wäre es zu keiner Schönheitskonkurrenz der Kanzlerkandidaten gekommen. So aber muß sich Alois Mock auf das Konterfei des Ex-Bankers und Finanzministers Franz Vranitzky einstellen.

EASY RIDER

Die Neuauflage der großen Koalition mit dem roten Kanzler Franz Vranitzky und seinem schwarzen Beifahrer Alois Mock geht frohen Mutes ans Werk – manchmal auch in entspannter Atmosphäre.

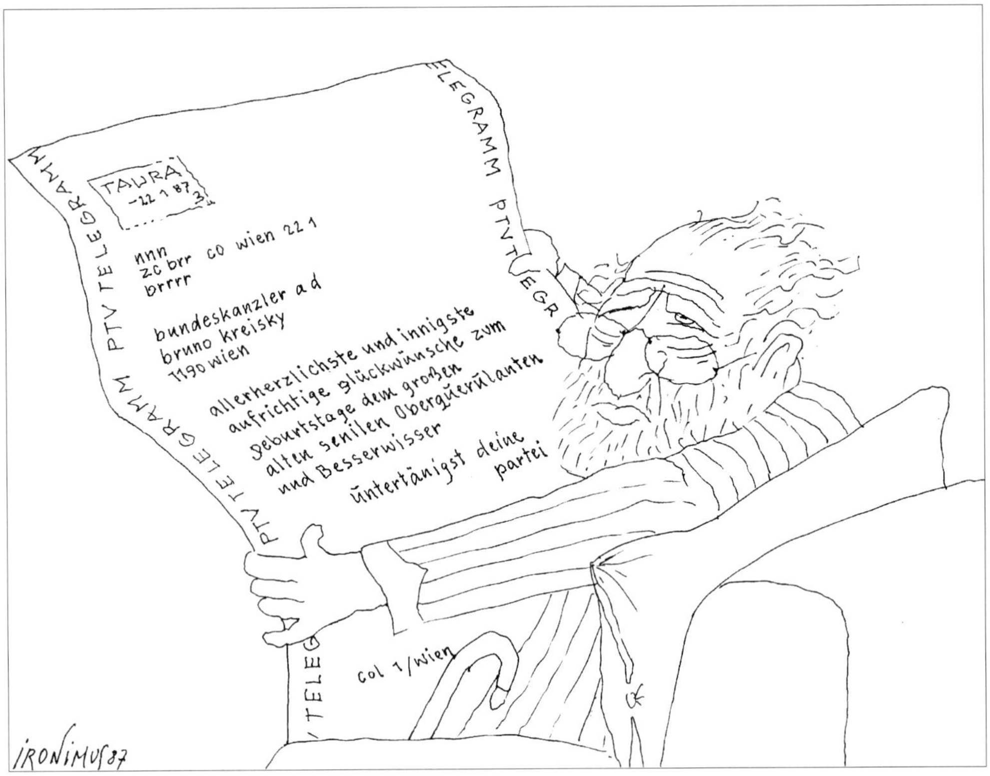

„AUFRICHTIGE" GLÜCKWÜNSCHE

Bruno Kreisky, längst von allen politischen Ämtern befreit, scheut keine Gelegenheit, der eigenen Partei öffentlich Kritik zu zollen. Seiner Popularität bei den Österreichern tut dies keinen Abbruch, seine Beliebtheit in der SPÖ-Führung aber sinkt auf den Nullpunkt.

IRONIMUS 88

DIE LAST WIRD SCHWERER

Auch wenn die Angriffe, vor allem aus den USA, immer vehementer werden: Der einsame Präsident bleibt in der Hofburg.

HELDENPLATZ

Hoch gehen die Wogen in der Diskussion rund um den „Heldenplatz", das am Wiener Burgtheater unter Direktor Claus Peymann aufgeführte Stück von Thomas Bernhard (gegenüberliegende Seite). Hilde Hawlicek, die rote Kunstministerin, muß sich deswegen im Parlament so mancher Auseinandersetzung stellen.

LICHT INS DUNKEL

Um Udo Proksch, den Freund der Mächtigen, geht es im „Lucona"-Untersuchungsausschuß. Welche Kontakte hatten politisch Verantwortliche wie Karl Blecha (gegenüberliegende Seite) und Leopold Gratz zum Chef der Zuckerbäckerei Demel, der ein Schiff mit mehreren Menschen an Bord versenkt haben soll? Karl Blecha, der Innenminister, muß sich verantworten. Er wird vom Untersuchungsausschuß „durchleuchtet". Sein Abschied von der Politik naht…

SCHWIERIGE DEMONTAGE

„Lucona" (die Causa Proksch) und „Noricum" (Gab es illegale Waffenlieferungen in den Iran?) demontieren Leopold Gratz, den Nationalratspräsidenten, politisch. Es ist seine Amtsführung als Außenminister (1984–1986), die unter Beschuß gerät. Das vorschnelle Urteil der veröffentlichten Meinung ist freilich ein anderes als Jahre später jenes der ordentlichen Gerichte. Diese sprechen Gratz nämlich frei.

DIE PEITSCHE

Seit dem Platzen der kleinen Koalition zwischen SPÖ und FPÖ sowie dem Wiedererstehen einer großen Koalition zwischen Sozialdemokraten und Volkspartei gibt es ein beliebtes Spiel, das manche ÖVP-Funktionäre und einige Journalisten zum Gaudium der politisch interessierten Öffentlichkeit treiben: Die ÖVP, so argumentieren sie, sollte endlich wieder den Kanzler stellen, und das kann sie nur als Seniorpartner in einer kleinen Koalition mit den Freiheitlichen unter Jörg Haider. Und der macht ein Angebot nach dem anderen. Da muß Franz Vranitzky schon gelegentlich mit Neuwahlen drohen, um dem Spuk ein vorläufiges Ende zu bereiten. Josef Riegler, Mocks Nachfolger als ÖVP-Obmann, weiß ein Lied davon zu singen.

POLITIK DER MITTE

Der Kraftakt zwischen Wirtschafts- und Umweltinteressen heißt „ökosoziale Marktwirtschaft". Die Riegler-ÖVP setzt voll darauf. Die Ansichten des Publikums sind geteilt: bloßes Schlagwort oder Zukunftsperspektive?

KONZEPT GESUCHT

Wissenschaftsminister Erhard Busek tritt ein schweres Erbe an. Der Rechnungshof findet es gar nicht amüsant, daß nun schon drei Minister an einem brauchbaren Finanz-, Verwaltungs- und Raumkonzept für die Wiener Museen gescheitert sind.

ENDLICH KLARHEIT?

Schon 1989 streitet man in der großen Koalition über den Inhalt des österreichischen Beitrittsantrages zur Europäischen Gemeinschaft. Der schwarze Alois Mock drängt von Anfang an nach Europa, der rote Franz Vranitzky ist da viel zögerlicher.

EG-MARATHON

Noch steht der lange EG-Hürdenlauf bevor, doch Alois Mock jubelt: Der Startschuß ist gefallen, der Brief nach Brüssel mit dem Beitrittsansuchen abgegeben.

VRANITZCHEN UND DIE VIELEN ZWERGE

Seine in allen Meinungsumfragen bestätigte Statur als Wählermagnet macht Franz Vranitzky beim Parteikongreß der Sozialdemokraten zum – von jedweder Kritik – „Unberührbaren". („Die Presse", 20. Oktober 1989.)

Chronik 1980–1989

1980

21. 1. Der ORF beginnt mit den „Teletext"-Ausstrahlungen. Es ist dies der erste europäische Versuch auf diesem Gebiet.
13. 2. Die XIII. Olympischen Spiele beginnen in Lake Placid. Österreich erringt drei Goldmedaillen (Annemarie Moser-Pröll, Leonhard Stock, Anton Innauer).
22. 2. Oskar Kokoschka, Maler, stirbt in Villeneuve/Schweiz (geboren 1. 3. 1886 in Pöchlarn/NÖ.)
29. 2. Alois Mock wird beim 22. Bundesparteitag als ÖVP-Bundesparteiobmann wiedergewählt.
18. 5. Rudolf Kirchschläger wird erneut zum Bundespräsidenten gewählt.
22. 5. In Weißenstein/Kärnten werden Fresken aus dem Jahr 1542 freigelegt.
30. 5. Die von Architekt Gustav Peichl errichtete Erdefunkstelle in Aflenz/Stmk. nimmt ihren Betrieb auf.
4. 7. Josef Krainer jun. wird neuer steirischer Landeshauptmann.
17. 7. Das neue Festspielhaus in Bregenz wird eröffnet.
11. 8. Willy Forst, Filmautor, Schauspieler und Regisseur, stirbt in Wien (geboren 7. 4. 1903 in Wien).
26. 8. Rosa Albach-Retty, Hofschauspielerin, stirbt im Alter von 105 Jahren in Baden bei Wien (geboren 26. 12. 1874 in Hanau/Deutschland).
8. 11. Die neue Reichsbrücke in Wien wird eröffnet.

Wahlplakat für Rudolf Kirchschläger zur Bundespräsidentenwahl 1980

11. 12. Finanzminister Androsch kündigt seinen Rücktritt an. Die Verflechtungen seiner Steuerberatungskanzlei Consultatio mit dem Skandal um die Schmiergeldaffäre beim Bau des AKH sowie die Finanzierung seiner Privatvilla haben zu massiven Angriffen der Oppositionsparteien geführt.

1981

6. 1. Bei der Vier-Schanzen-Tournee der Skispringer wird Hubert Neuper Erster, Armin Kogler Zweiter.
15. 1. Hannes Androsch wird zum stellvertretenden Generaldirektor der Creditanstalt-Bankverein gewählt.
22. 1. Siegfried Ludwig wird Landeshauptmann von Niederösterreich (bis 22. 10. 1992).
5. 3. Paul Hörbiger, Schauspieler, stirbt in Wien (geboren 29. 4. 1894 in Budapest).
1. 5. Der Wiener Stadtrat Heinz Nittel wird ermordet. Es ist dies der erste Politikermord in der Geschichte der Zweiten Republik.
22. – 24. 5. Bruno Kreisky wird als SPÖ-Vorsitzender wiedergewählt.
5. 6. Die „Walgauautobahn" wird dem Verkehr übergeben.
14. 8. Karl Böhm, Dirigent, stirbt in Salzburg (geboren 28. 8. 1894 in Graz).
18. 8. Das Theaterstück „Am Ziel" von Thomas Bernhard wird im Salzburger Landestheater uraufgeführt.
29. 8. Auf die Synagoge in Wien wird ein Terroranschlag verübt, der zwei Tote und 20 Schwerverletzte kostet.
8. 9. Der „AKH-Prozeß" beginnt. Es geht um gewerbsmäßigen Betrug, verbotene Intervention und Untreue im Zusammenhang mit dem Bau des Allgemeinen Krankenhauses in Wien.
9. 9. Im Dachstein wird die tiefste Höhle Österreichs entdeckt (1174 Meter).
15. 10. Elias Canetti erhält den Nobelpreis für Literatur.
25. 10. Nico Dostal, Operettenkomponist, stirbt in Salzburg (geboren 27. 11. 1895 in Korneuburg bei Wien).
1. 12. Rudolf Prack, Filmschauspieler, stirbt in Wien (geboren 2. 8. 1902 in Wien).

1982

16. 1. Die einzelnen Gruppen der „Grünen" vereinbaren ihren Zusammenschluß.
27. 2. Im Volkstheater werden Peter Turrinis „Bürger" uraufgeführt, ein Schlüsselstück über einige prominente Wiener. Der Skandal bleibt aus.
10. 3. Der libysche Revolutionsführer, Oberst Muammar al-Gaddhafi, trifft zu einem Staatsbesuch in Wien ein.
19. 4. Bombenattentate auf französische Einrichtungen in Wien.
15. 5. In Wien findet ein Friedensmarsch mit ca. 70.000 Teilnehmern statt. Es ist dies die größte Demonstration seit 1945.
16. 5. Ex-Kaiserin Zita reist zum ersten Mal in ihre Heimat ein, die sie seit 63 Jahren nicht mehr betreten hat.
29. 5. Romy Schneider, Schauspielerin, stirbt in Paris (geboren 23. 9. 1938 in Wien).
5. 8. In Wien wird das erste Retortenbaby Österreichs geboren.
29. 9. Die Außenringautobahn von Wien wird dem Verkehr übergeben.
Das Donaukraftwerk Melk wird in Betrieb genommen.
15. 10. Das General-Motors-Werk in Aspern wird eröffnet.
9. 10. Anna Freud, Psychoanalytikerin und Tochter Sigmund Freuds, stirbt in London (geboren 3. 12. 1895 in Wien).
10. 12. Der Nationalrat beschließt die etappenweise Verlängerung des Mindesturlaubs. Die erste Etappe sieht für 1984-1986 eine Verlängerung von jeweils zwei Tagen vor.

1983

13. 1. Bundeskanzler Helmut Kohl trifft zu einem Treffen mit Bundespräsident Kirchschläger in Wien ein.

Papst Johannes Paul II. wird von Kardinal Franz König auf dem Heldenplatz in Wien begrüßt.

24. 4. Nationalratswahl. Die SPÖ verliert die absolute Mehrheit, Bruno Kreisky gibt seinen Rücktritt bekannt. Mandatsstand: SPÖ 90 (47,8%), ÖVP 81 (43,2%), FPÖ 12 (5,0%).
16. 5. Die gebürtige Oberösterreicherin Helene von Damm wird als amerikanische Botschafterin in Österreich nominiert.
24. 5. Angelobung der neuen Regierung, einer Koalitionsregierung zwischen SPÖ und FPÖ. Der neue Bundeskanzler heißt Fred Sinowatz.
11. 6. André Hellers Riesenfeuerwerk in Lissabon zieht mehr als eine halbe Million Menschen an.
12. 6. Clemens Holzmeister, Architekt, stirbt in Hallein (geboren 27. 3. 1886 in Fulpmes/Tirol).
12. 7. Die Architektengruppe U-Bahn erhält für die Gestaltung der Stationen in Wien den höchsten internationalen Architekturpreis zugesprochen.
10. 9. Papst Johannes Paul II. besucht Österreich.
18. 9. Friedrich Heer, Historiker und Kulturkritiker, stirbt in Wien (geboren 10. 4. 1916 in Wien).
19. 9. Bruno Pittermann, SPÖ-Politiker, stirbt in Wien (geboren 3. 9. 1905 in Wien).
24. 9. Deutschsprachige Erstaufführung des Musicals „Cats" im Theater an der Wien.
24./25. 9. Ein Großbrand vernichtet das Thermalbad Loipersdorf (Steiermark).
11. 10. Ein Innsbrucker Chirurgenteam führt die erste Herztransplantation in Österreich durch.
29. 10. Fred Sinowatz wird zum neuen SPÖ-Vorsitzenden gewählt.

1984

21. 1. Beim Hahnenkammrennen auf der Streif in Kitzbühel gewinnt Franz Klammer vor Erwin Resch und Anton Steiner.
22. 1. Der 28jährige Skirennläufer Sepp Walcher verunglückt beim Hochwurzen-Volksmarathon-Abfahrtsrennen tödlich.
5. 2. Manès Sperber, Dichter, stirbt in Paris (geboren 12. 12. 1905 in Zablotow/Galizien).
18. 2. Auftakt zu den Feierlichkeiten des Andreas-Hofer-Gedenkjahres in Mantua.
26. 2. – 6. 3. Rudolf Kirchschläger ist auf Staatsbesuch in den USA.
18. 4. Leopold Lindtberg, Regisseur, stirbt bei Zürich (geboren 1. 6. 1902 in Wien).
10. 6. Ernst Haeusserman, Theaterdirektor, stirbt in Wien (geboren 5. 6. 1916 in Wien).

Finanzminister Franz Vranitzky

10. 9. Helmut Zilk wird als Wiener Bürgermeister, Franz Vranitzky als neuer Finanzminister angelobt.
21. 10. Niki Lauda gewinnt seinen dritten WM-Titel in der Formel I.
10. 12. In der Hainburger Au beginnen Rodungsarbeiten für den geplanten Kraftwerksbau.
11. 12. Rund 3.000 Gegner des Kraftwerksprojekts besetzen die Baustelle in der Aktion „Rettet die Au".
19. 12. In Wien findet eine Großdemonstration gegen den Kraftwerksbau statt.
28. 2. ÖVP-Chef Alois Mock schlägt eine Volksabstimmung über das Kraftwerksprojekt Hainburg vor.

1985

Jänner. Erstmals tagt der Jüdische Weltkongreß in Wien.
4. 1. In einer Sondersitzung beschließt die österreichische Bundesregierung ihr Festhalten am Hainburg-Projekt.
9. 1. Anton Karas, Zitherspieler und bekannt durch sein

Ex-Weltmeister und Airline-Gründer Niki Lauda

„Harry-Lime-Thema" im Film „Der dritte Mann", stirbt in Wien (geboren 7. 7. 1906 in Wien).
22. 2. Bautenminister Sekanina tritt zurück, weil ihm in der Öffentlichkeit der besonders günstige Kauf seiner Villa, die sich im Besitz des ÖGB befand, vorgeworfen wird; Sekanina bestreitet jede Schuld.
21. 3. Der Nationalrat lehnt die Wiederauflage einer Volksabstimmung über die Einführung der Kernenergie ab. Damit scheitert ein Antrag der SPÖ.
28. 3. Die Ausstellung „Traum und Wirklichkeit" wird im Wiener Künstlerhaus eröffnet.
26. 4. Der „Glykol"-Skandal liefert internationale Schlagzeilen. Als Folge verabschiedet der Nationalrat ein neues Weingesetz, das als strengstes in Europa gilt.
September. Nach einer Untersuchung der Arbeiterkammer Wien sind fast 43% der Gesellschaftsanteile österreichischer Unternehmen direkt oder indirekt in öffentlicher Hand, 30% sind im Besitz ausländischer Eigentümer.
Der ehemalige Finanzminister Hannes Androsch legt im Zusammenhang mit gegen ihn laufenden Ermittlungen seine Parteifunktionen nieder.
25. 8. Niki Lauda holt sich in Zandvoort/Holland seinen 25. Grand-Prix-Sieg in der Formel I.
16. 9. Der Wiener Erzbischof Kardinal König tritt in den Ruhestand.
1. 10. Normalbenzin wird nur noch unverbleit abgegeben.
28. 10. Carry Hauser, Maler, Schriftsteller und Bühnenbildner, stirbt in Rekawinkel (geboren 16. 2. 1895 in Wien).
27. 12. Drei arabische Terroristen verüben am Flughafen Wien-Schwechat ein Blutbad: zwei Tote, unter ihnen einer der Terroristen, und 15 Verletzte fordert das Massaker.

1986

25. 1. In Wien wird die renovierte Secession eröffnet.
3. 3. 56 Prozent der abstimmenden Bewohner Niederösterreichs sprechen sich für eine eigene Landeshauptstadt aus. Von den 5 vorgeschlagenen Orten entfallen die meisten Stimmen auf St. Pölten.
30. 5. Der designierte Burgtheaterdirektor Claus Peymann stellt seinen ersten Spielplan vor. Er beginnt die Saison mit zwei Stücken von Thomas Bernhard.
9. 4. Heinz Conrads, Schauspieler, stirbt in Wien (geboren 21. 12. 1913 in Wien).
4. 5. Bei den Bundespräsidentenwahlen fällt keine endgül-

Landeshauptmann Siegfried Ludwig begründet Niederösterreichs Hauptstadt.

tige Entscheidung: Kurt Steyrer erhält 43,7 %, Kurt Waldheim 49,7 %, Freda Meissner-Blau 5,5 % und Otto Scrinzi 1,2 % der abgegebenen Stimmen.
8. 6. Bei den Stichwahlen zu den Bundespräsidentschaftswahlen gewinnt Kurt Waldheim 53,9 % der Stimmen.
9. 6. Bundeskanzler Fred Sinowatz tritt zurück, sein Nachfolger wird Finanzminister Franz Vranitzky.
19. 6. Der designierte Staatsoperndirektor Claus Helmut Drese gibt sein erstes Programm bekannt.
3. 7. Am Grenzübergang Thörl-Maglern zwischen Österreich und Italien wird die durchgehende Autobahnverbindung Alpen-Adria eröffnet.

Erzbischof Hermann Groer

7. 7. Thaddäus Podgorski wird vom Kuratorium zum neuen Generalintendanten des ORF gewählt.
14. 9. Hermann Groer wird zum neuen Erzbischof von Wien geweiht.
15. 9. Nachdem Jörg Haider am 14. 9. zum neuen Obmann der FPÖ gewählt wurde, kündigt Franz Vranitzky die Koalition mit der FPÖ auf.
31. 10. Österreich schlägt im Fußball-Krimi Deutschland mit 4 : 1. Es ist dies der höchste Sieg gegen Deutschland seit 1931.
23. 11. Nationalratswahlen. Mandate: SPÖ 80 (43,1 %), ÖVP 77 (41,3 %), FPÖ 18 (9,7 %), Die Grünen 8 (4,8 %). SPÖ und ÖVP gehen erstmals nach 20 Jahren wieder eine Koalition ein. Franz Vranitzky bleibt Bundeskanzler, Alois Mock wird Vizekanzler und Außenminister.

1987

5. 3. Alois Partl wird Landeshauptmann von Tirol (bis 24. 9. 1993).
17./18. 3. Außenminister Mock absolviert einen offiziellen Besuch der EG-Kommission in Brüssel.
April. Der an der Universität Regensburg lehrende Dogmatikprofessor Kurt Krenn wird zum neuen Weihbischof der Erzdiözese Wien ernannt.
22. 4. Eröffnung des neuen Konferenzzentrums „Austria Center Vienna".
27. 4. Attila Hörbiger, Burgschauspieler, stirbt in Wien (geboren 21. 4. 1896 in Budapest).
Die USA geben bekannt, daß Bundespräsident Kurt Waldheim wegen seiner Tätigkeit im Zweiten Weltkrieg auf eine Überprüfungsliste („Watch List") gesetzt wurde, was praktisch einem Einreiseverbot gleichkommt.
13. 7. Martin Purtscher wird als Nachfolger von Hermann Keßler neuer Landeshauptmann von Vorarlberg.
6. 9. Peter Unterweger, Chef der Firma Noricum, wird wegen des illegalen Verkaufs von Kanonen an den Iran verhaftet.
26. 9. Herbert Tichy, Geologe und Forschungsreisender, stirbt in Wien (geboren 1. 6. 1912 in Wien).
5. 10. Der Präsident des Österreichischen Gewerkschaftsbundes, Anton Benya, erklärt seinen Rücktritt. Sein Nachfolger wird Franz Verzetnitsch.
5. 11. Der bundesdeutsche „Westdeutsche Allgemeine Zeitungsverlag" (WAZ) erwirbt einen Anteil von 45 % der Wiener „Neuen Kronen-Zeitung".
12. 11. Die 20jährige Ulla Weigersdorfer aus Bad Aussee wird in London zur „Miss World 1987" gewählt.
1. 12. Die österreichische Regierung zieht erstmals die Möglichkeit einer Vollmitgliedschaft in der EG in Erwägung.

1987 wird Johanna Dohnal SPÖ-Frauenchefin.

1988

25. 1. Der ehemalige Chef der VÖEST-Tochter Noricum, Peter Unterweger, gibt zu, illegale Waffengeschäfte mit dem Iran im Umfang von etwa 4.000 Millionen Schilling getätigt und dabei im Auftrag des inzwischen verstorbenen VÖEST-Generaldirektors Abfalter gehandelt zu haben.
8. 2. Die von der Bundesregierung mit der Klärung der Kriegsvergangenheit von Kurt Waldheim beauftragte internationale Historikerkommission legt ihren Bericht vor. Sie kommt

zum Ergebnis, daß Waldheim zwar keine Kriegsverbrechen begangen habe, jedoch in bedeutendem Umfang Mitwisser solcher Taten gewesen sei.
17. 3. Fred Sinowatz tritt vom Parteivorsitz der SPÖ zurück, Nachfolger wird Franz Vranitzky.
21. 3. Hans Fronius, Maler, stirbt in Mödling (geboren 12. 9. 1903 in Sarajewo).
25. 3. Der Medienkonzern WAZ beteiligt sich mit 45% an der Kurier-AG.
6. 6. Die ersten der 24 heftig umstrittenen Draken-Düsenjäger landen in Zeltweg.
22. 6. Eberhard Waechter, Opernsänger und derzeitiger Direktor der Volksoper, wird überraschend als Operndirektor designiert.
23. 6. Papst Johannes Paul II. landet in Schwechat zu einem fünftägigen Pastoralbesuch in Österreich.
19. 10. Die erste Nummer der neuen Tageszeitung „Der Standard" erscheint.
4. 11. Das Theaterstück „Heldenplatz" von Thomas Bernhard sorgt bei seiner Uraufführung im Burgtheater für einen Wirbel, Buh- und Zwischenrufe stören die Aufführung.
25. 11. Das „Mahnmal gegen Krieg und Faschismus" von Alfred Hrdlicka wird auf dem Albertinaplatz in Wien enthüllt.
17. 12. Paul Löwinger, Schauspieler und Theaterdirektor, stirbt in Wien (geboren 10. 11. 1904 in Laa an der Thaya).

1989

9. 1. Der Lucona-Untersuchungsausschuß des Nationalrates beginnt mit der Einvernahme der ersten Zeugen.
19. 1. Innenminister Karl Blecha tritt zurück. Der Grund sind die Vorwürfe, er habe Untersuchungen zur Aufklärung der Lucona-Affäre behindert.

Gefährliche Freundschaften

26. 1. Erster Nationalratspräsident Leopold Gratz tritt im Zusammenhang mit der Causa Lucona zurück.
12. 2. Thomas Bernhard, Schriftsteller, stirbt in Gmunden. (geboren 10. 2. 1931 in Heerlen/Holland).
23. 2. Bei einem Flugzeugabsturz über dem Bodensee verunglückt Bundesminister Alfred Dallinger tödlich (geboren 7. 11. 1926 in Wien).

Jörg Haider wird Kärntner Landeshauptmann (1989).

8. 4. Erste Nachrichten über eine Mordserie im Krankenhaus Lainz, Pavillon V, werden in der Öffentlichkeit bekannt.
17. 4. Josef Riegler löst Alois Mock als ÖVP-Bundesparteiobmann ab. Es kommt zu einer Regierungsumbildung. Riegler wird Vizekanzler und Kanzleramtsminister, Erhard Busek Wissenschaftsminister, Wolfgang Schüssel Wirtschaftsminister.
3. 5. Hans Katschthaler wird Landeshauptmann von Salzburg.
17. 6. Herbert von Karajan, Dirigent, erliegt in seinem Anifer Haus bei Salzburg einer Herzschwäche (geboren 5. 4. 1908 in Salzburg).
30. 6. Der Nationalrat spricht sich mit den Stimmen von SPÖ, ÖVP und FPÖ für die Aufnahme von Beitrittsverhandlungen mit der EG aus. Lediglich die Grünen wenden sich dagegen.
4. 7. Das EG-Beitrittsgesuch passiert den Ministerrat und wird nach Brüssel weitergeleitet.
2. 10. Udo Proksch wird aufgrund eines Hinweises auf dem Schwechater Flughafen erkannt und verhaftet.
1. 12. Das von Verkehrsminister Streicher ausgesprochene Nachtfahrverbot für Lkw über 7,5 t auf Österreichs Transitrouten wird eingeführt.

Die neunziger Jahre (1990–94)

Der aus Bremen stammende und seit dem Herbst 1986 als Burgtheater-Direktor in Wien residierende Claus Peymann scheidet die Geister des Publikums. „Wenn mich jemand fragt, wo das beste Theater der Welt sei", ließ ihn sein Hausautor Thomas Bernhard sagen, „so antworte ich immer: Österreich. Worauf die Leute fragen: wo in Österreich? Und ich antworte: nicht in Österreich, Österreich selbst ist es. Fahren Sie nach Österreich, sage ich zu den Leuten, und Sie kommen in das allerbeste Theater der Welt."

In der ersten Hälfte der neunziger Jahre war der dominanteste Politiker des Landes gewiß Bundeskanzler Franz Vranitzky. Gegenüber Armin Thurnher, dem Autor des 1992 erschienenen Buches „Franz Vranitzky im Gespräch mit Armin Thurnher", gab er zu Protokoll: „Schauen Sie einmal die Sprache so mancher Star-Kolumnisten an. Sie führen einen Kampf gegen Politik, gegen Politiker und gegen andere Medien. Aber ihre Wortwahl ist vollkommen eindeutig. Es wird nicht einfach Meinung zum Ausdruck gebracht, sondern sie tritt gegenüber einer besonderen Verrohung der Sprache zurück, so daß die Verrohung selbst zum eigentlichen Inhalt wird. Damit ist eine gewisse Parallele zu den inhaltsschwachen oder inhaltslosen populistischen Teilnehmern an der politischen Auseinandersetzung gegeben. Denn diese Verrohung in der Sprache findet sich natürlich bei Rechtspopulisten und mit Saalwächtern agierenden Versammlungsredern genauso."

Und über den Mißerfolg, der ihn am meisten geschmerzt habe, sagte der Kanzler in dem lesenswerten Buch: „Der größte Mißerfolg ist die Niederlage meines Freundes Rudolf Streicher bei den letzten Präsidentschaftswahlen. Wir wissen, daß sich die politischen Landschaften auffächern und umstrukturieren, aber die letzte Präsidentschaftswahl läßt sich damit nicht hinreichend erklären. Wenn man einen Kandidaten aufstellt, der in den Meinungsumfragen gute zehn Prozentpunkte voranliegt und schließlich um vierzehn Prozent weniger Stimmen als der Sieger erhält, ist das wohl ein Mißerfolg."

Nach dem Zweidrittel-Ja der Österreicher bei der Volksabstimmung über einen EU-Beitritt im Juni 1994 weiß „Die Presse" zu berichten: „‚Ich hab', verkündete Staatssekretärin Brigitte Ederer am Sonntag nach der EU-Volksabstimmung, ‚all meine Wetten verloren. Aber ich bin richtig glücklich darüber.' Man mag diesen Ausspruch als in der Stunde der Euphorie getätigt sehen, denn mit einer verlorenen Wette wird sich die SP-Politikerin wohl durchgetretene Schuhe und einen ordentlichen Muskelkater holen. Sie muß – zu Fuß – nach Mariazell pilgern, stolze 139 Kilometer weit. Eine Wallfahrt sei's nicht, dementierte die Staatssekretärin, auch wenn bei diesem Ergebnis der Gedanke naheliegt. Die pessimistische Ederer hatte nämlich lediglich auf 50,8 Prozent Ja-Stimmen getippt. Für die Wanderung, die sie zusammen mit Ifes-Chef Ernst Gehmacher antritt – gegen den sie diese Wette verloren hat –, sind drei volle

Tage veranschlagt. Los geht's am 8. Juli." Nun, Brigitte Ederer hat diese Wette, wie wir durch den darum entstandenen Medienrummel wissen, wie versprochen eingelöst.

Und noch ein Zitat aus der „Presse": „‚Wir freuen uns über dieses Ergebnis, es ist ein Sieg der Vernunft.' Große Zufriedenheit äußerte ‚Krone'-Chef Hans Dichand im Gespräch mit der ‚Presse': ‚Nicht die Kronen-Zeitung hat dieses Ergebnis bewirkt, sondern das Gefühl für Zusammenhalt, welches in der österreichischen Bevölkerung herrscht.' Das klare Ja sei auch eine Niederlage Jörg Haiders: ‚Die Leute haben kein Verständnis für seine Uneinsichtigkeit gehabt. Außerdem hat sein Zick-Zack-Kurs – einmal ja, dann nein – die Leute gestört. Ich glaube, daß dieses Ergebnis Haider auf längere Sicht sehr schaden wird.' Auch die ‚wilden Tiraden' seines Gegenspielers Kurt Falk seien ohne Erfolg geblieben. In dessen Redaktion von ‚täglich Alles' herrschte Sonntag Bunkerstimmung: ‚Rufen Sie am nächsten Werktag wieder an.'"

G'RISS UM „VRANZ"

Je mehr Kurt Waldheim als österreichischer Bundespräsident aufgrund der Diskussion über seine Kriegsvergangenheit in internationale Isolation gerät, desto mehr entwickelt Kanzler Franz Vranitzky diplomatische Ambitionen. Er genießt geradezu jeden Auftritt auf dem weltpolitischen Parkett, ob mit Englands Maggie Thatcher oder mit Frankreichs François Mitterand, und macht gute Figur auf den heimischen TV-Bildschirmen.

DER TSCHECHOSLOWAKISCH-ÖSTERREICHISCHE SCHWEIZSTEIRER

Der altösterreichische Kosmopolit Karl Schwarzenberg, Fürst, „Forst- und Gastwirt" (so seine Visitkarte) mit Schweizer Staatsbürgerschaft, betritt 1990 – erfolgreich – berufliches Neuland, wird Berater des tschechoslowakischen Staatspräsidenten Vaclav Havel auf dem Hradschin (gegenüberliegende Seite) und darf sich fürderhin „Kanzler" nennen.

ALLEIN, ALLEIN

Eine Strategie geht auf. Bei der Wahlwerbung zur Nationalratswahl 1990 setzt die SPÖ auf einen einzigen Namen: Franz Vranitzky – sehr zum Unterschied zur ÖVP, die mit einem Team antritt.

HESOUN HAT PROBLEME

Der niederösterreichische Gewerkschafter Josef Hesoun, seit 1990 Bundesminister für Arbeit und Soziales, versucht das Kunststück, die Arbeitsmarktprobleme angesichts von Rezession und einer notwendigen Budgetkonsolidierung zu meistern.
Er ist mehr Pragmatiker als Alfred Dallinger (1980–1989 Sozialminister), aber ebenso konsequent wie weiland Kreiskys Sozialminister Rudolf Häuser (1970–1976). Vielleicht ist er gar der zu Unrecht meistunterschätzte Minister der Vranitzky-Riege?

GÜRTEL ENGER SCHNALLEN!

… heißt, wie jedes Jahr bei den Budgetverhandlungen, auch 1991 die Devise des Langzeitfinanzministers Ferdinand Lacina (im Amt seit 1986).

VIELE BUNTE LUFTBALLONS?

Rudolf Scholten, der bisherige Bundestheater-Chef und frühere Banker, wird 1990 von der SPÖ ins Unterrichtsministerium geholt. Seine Pläne und Ziele sind weitreichend – werden sie einst mehr als Luftballons sein?

STEIRISCHE TRADEMARK

Absolute Mehrheiten sind im Österreich der neunziger Jahre auf allen Ebenen rar geworden. Diese Erfahrung muß auch der erfolgsverwöhnte, seit 1980 amtierende steirische Landeshauptmann Josef Krainer jun. bei der Landtagswahl 1991 machen.

DAS STOSSGEBET

Für Erhard Busek hängt viel, wenn nicht alles vom Abschneiden des VP-Kandidaten Thomas Klestil bei der Bundespräsidentenwahl 1992 ab. Die Volkspartei hängt tiefer durch als in den dunkelsten Mock- und Riegler-Zeiten.
(„Die Presse", 22. Mai 1992.)

DAS WAHLERGEBNIS

Man kann ihm nicht nachsagen, daß er sich zur SPÖ-Präsidentschaftskandidatur gedrängt hätte, als es um die Nachfolge Kurt Waldheims ging. Parteichef Franz Vranitzky höchstpersönlich ist es, der den Verkehrsminister und Hobby-Dirigenten Rudolf Streicher überzeugt. Das Ergebnis ist bekannt: Thomas Klestil, dem acht Wochen vor der Wahl niemand Chancen einräumt, zieht in die Hofburg ein. Und Rudolf Streicher bleibt nur der Rückzug in die Wirtschaft. Der Kanzler ist einen seiner besten Minister losgeworden …

DIE SEILTÄNZER

Es ist ein Seiltanz, den Franz Vranitzky und Erhard Busek vollführen, im ihre große Koalition heil über die Runden zu bringen. Rundherum blitzt und kracht es, doch letztlich eint der gemeinsame Wunsch, Österreich in die Europäische Union zu führen, die Koalitionspartner.

DER MUTSPRUNG

Gemeinsam wagen die beiden Koalitionsparteien SPÖ und ÖVP 1992 den Sprung ins kalte Wasser des EWR.
Die Oppositionsparteien sprechen sich vehement gegen einen Beitritt Österreichs zum Europäischen Wirtschaftsraum aus.

DER STÖRENFRIED

Bernhard Görg, glückloser Obmann-Anwärter in der Bundes-ÖVP, übernimmt 1992 nach einem internen Kampf die Wiener Volkspartei. Das vieldiskutierte Projekt des Museumsquartiers, für das sich sein einstiger Widerpart Erhard Busek stark macht, stößt auf seine Ablehnung. Zwei Jahre später ist die Diskussion nicht viel weiter gediehen …

DAS BOOT IST WIRKLICH VOLL!

Franz Löschnak, seit 1989 Innenminister, erhitzt mit seiner Ausländerpolitik die Gemüter. Immer stärker tritt er für restriktive Aufnahme-Bestimmungen ein. Vor allem die katholische Kirche und die Grünen wenden sich gegen diesen Kurs.

DAS MONSTER

Bellende Hunde beißen doch nicht: Das von Jörg Haiders FPÖ siegessicher und mit unglaublichem Medienrummel initiierte Ausländer-Volksbegehren erzielt bei weitem nicht die erwarteten Ergebnisse.

HUNDERTTAUSEND LICHTER FÜR DIE MENSCHLICHKEIT

In der größten Friedensdemonstration der Zweiten Republik, beim „Lichtermeer" auf dem Heldenplatz im Jänner 1993, setzen sich über 250.000 Österreicher für Toleranz und gegen Ausländerhaß ein.

LANDTAGSWAHL IN NIEDERÖSTERREICH

Seine Vorgänger haben dem jungen niederösterreichischen Landesvater Erwin Pröll, der im Oktober 1992 Siegfried Ludwig abgelöst hat, den Korb sehr hoch gehängt. Doch selbst im einstigen Kernland der Volkspartei kann die absolute Mehrheit bei der Landtagswahl 1993 nicht mehr erreicht werden.

SCHWER GENIESSBAR

1986 hatte er die FPÖ-Führung von Norbert Steger übernommen und das Stimmenpotential seiner Partei in Bund und Ländern in den Folgejahren vervielfacht. Noch im April 1989 meinte Bruno Kreisky, man sollte den vielkritisierten Jörg Haider nicht diabolisieren: „Erstens ist er ein sehr junger Mann, zweitens hat er das unveräußerliche Recht in der Demokratie, sich's das nächste Mal politisch anders zu überlegen." Aber seither ist viel geschehen. Weder der Sozialdemokrat Vranitzky noch der ÖVP-Obmann Busek können sich auf Bundesebene eine Koalition mit der Haider-FPÖ, die bekanntlich die Liberale Internationale verlassen mußte, vorstellen. Doch Haider, mittlerweile Buchautor, läßt nicht locker und verabreicht den Österreichern mit seinen Thesen von der 3. Republik deftige bis unverdauliche Kost. Schließlich will er 1998 Bundeskanzler werden!

DIE VERSÖHNUNG

Kein Kirchenfürst der Zweiten Republik steht so im Widerstreit der Meinungen wie der St. Pöltener „Oberhirte" Kurt Krenn. Sein Konflikt mit dem aufmüpfigen Pater Udo und die folgende „Versöhnung" sind kein Einzelfall. Bischof Krenn bekennt über sein Ego ein: „Meine Sicht der Dinge, meine Welt ist eine sehr einfache, eine sehr klare. Nichts Menschliches sei mir fremd, mich interessiert alles. Ja, es ist schon richtig, ich streite gerne. Aber ich bin tolerant in dem Sinne, daß ich nicht auf Wahrheit verzichte, sondern ihr verpflichtet bin. Die Toleranz ist ein Ergebnis der Wahrheit."

DER EINJÄHRIGE THOMAS

Ein Jahr ist er nun schon im Amt, der neue Bundespräsident Thomas Klestil. Er versucht, sein Wahlversprechen, ein „aktives" Staatsoberhaupt sein zu wollen, wahr zu machen. Dazu dient u.a. ein Verfassungsgutachten über die Rechte des Bundespräsidenten. In der österreichischen Realverfassung sind die Bundespräsidenten der Nachkriegszeit eher Staatsnotare gewesen. Jetzt will Klestil seine Position gegenüber der Bundesregierung stärken, was bei Kanzler Vranitzky auf wenig Sympathie stößt.

DIE BRAUT IN GRÜN

Nicht der kompromißlose Peter Pilz, sondern die charmante Madeleine Petrovic wird von den Grünen als Aushängeschild für die Nationalratswahl 1994 nominiert. Trotzdem müssen die Grünen um den Einzug ins Parlament bangen, und eine mögliche Regierungsbeteiligung scheint ferner denn je. Nach dem Nein der Grünen zur EU-Mitgliedschaft Österreichs sind sie wohl weder für ÖVP noch für SPÖ als Regierungspartner denkbar. Im Oktober 1993 wird die geplante „Trauung" zwischen der grünalternativen Braut Petrovic und dem VGÖ-Bräutigam Buchner verschoben. Die Flitterwochen dauern nur wenige Tage.

DER ALTE KAISER

Ein Jahr vor Ende der letzten Amtsperiode Gerd Bachers platzt eine Bombe namens „Lustige Witwe" und sprengt den Fernseh-Programmintendanten Ernst Wolfram Marboe in die Luft. Später wird klar, daß der Konflikt um die TV-Aufzeichnung einer Operettenaufführung in Mörbisch durch die Firma eines Marboe-Sohnes nur das Vorspiel zum Machtwechsel in Österreichs größtem Medium ist.

DER PROVISORISCHE NACHFOLGER

SPÖ und Grüne sind fest entschlossen, als Nachfolger Bachers 1994 den ehemaligen Sinowatz-Sekretär Gerhard Zeiler, der sich in Wartestellung beim Kommerzsender RTL 2 in Köln befindet, auf den Schild zu heben.

DER PAUKENSCHLÄGER

Gérard Mortier, seit 1991 künstlerischer Leiter der Salzburger Festspiele, haut auf die Pauke und liebt verbale Provokationen. Aber allen Unkenrufen – und derer gab es gar viele – zum Trotz gelingt es ihm, das Programmangebot zu modernisieren und die Festspiele für neue und jüngere Publikumsschichten zu öffenen.

PEYMANN FOREVER

Ein paar Wochen sieht es im Frühjahr 1994 so aus, als würde Claus Peymann das Wiener Burgtheater verlassen und eine Berufung als Direktor einer deutschen Bühne annehmen. Doch dann macht Unterrichtsminister Rudolf Scholten alles klar: Peymann bleibt! Im nachhinein stellt sich heraus, daß die ganze Peymann-Diskussion bloß eine vordergründige Inszenierung gewesen ist. Scholten erklärt, für ihn habe es zu keiner Zeit eine Alternative zum umstrittenen Peymann gegeben.

DIE BESTE MEDIZIN

Seit 1987 war Außenminister Alois Mock eine der treibendsten Kräfte für den Beitritt Österreichs zur Europäischen Gemeinschaft.

Just in den Tagen vor der schicksalshaften Volksabstimmung muß sich Außenminister Mock, der gerade seinen 60. Geburtstag feiert, in Innsbruck einer Bandscheiben-Operation unterziehen. Die politischen Beobachter sind sich einig: die beste Medizin für Mock ist ein deutliches „Ja" der Österreicher bei der Volksabstimmung. Und siehe da: 66,4% der Bürger sprechen sich für den EU-Beitritt aus!

Damit hat Alois Mock (das linke Bild zeigt ihn mit seiner Frau Edith bei einer Messe im Stephansdom) sein größtes politisches Ziel erreicht.

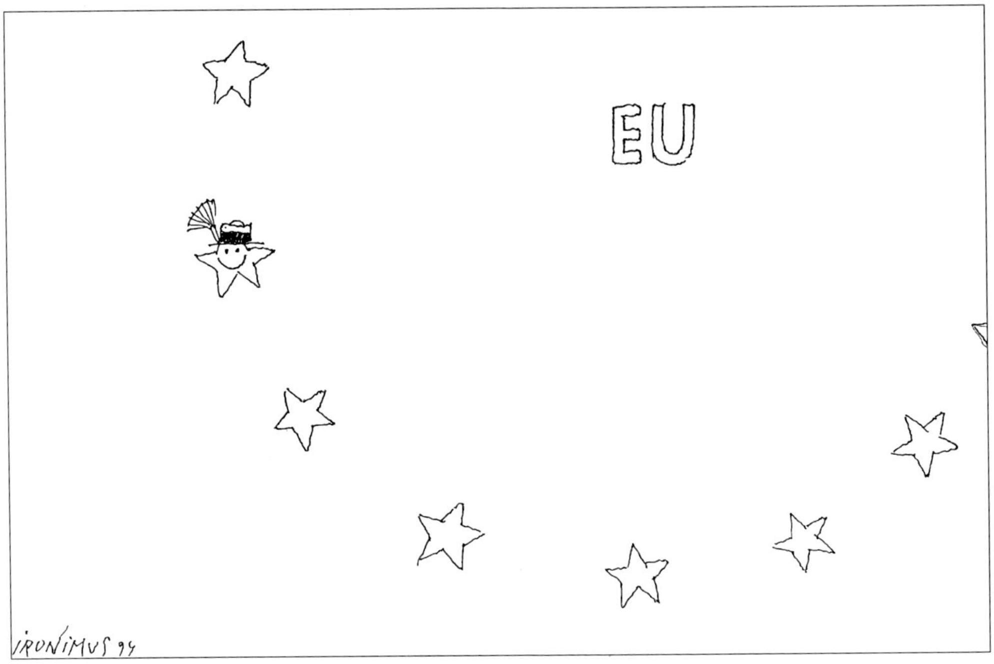

SMILY AUSTRIA

Der Weg Österreichs nach Europa ist frei. Eine Zweidrittelmehrheit der Bevölkerung stärkt der Regierung, die den Beitritt seit den achtziger Jahren anstrebt, den Rücken. Österreich, das Kernland des Kontinents, wird ab 1995 in der EU mit Sitz und Stimme vertreten sein.

Chronik 1990–1994

1990

16. 1. Alfred Maleta, Politiker, stirbt in Wien (geboren 15. 1. 1906 in Mödling).
23. 1. Bundeskanzler Vranitzky und Lee Iacocca besiegeln den Bau des Chrysler Werkes in Graz.
30. 1. In Wien beginnt der „Lucona"-Prozeß. Die Anklage lautet auf Versicherungsbetrug und sechsfachen Mord.
13. 3. Bruno Bettelheim, Psychologe, stirbt im US-Staat Maryland (geboren 25. 8. 1903 in Wien).
1. 4. Wilfried Seipel, Direktor des Linzer Landesmuseums, wird zum Generaldirektor des Wiener Kunsthistorischen Museums bestellt.
1. 5. Zum 100. Mal wird der Tag der Arbeit gefeiert. Die traditionell größte Veranstaltung, der Maiaufmarsch auf dem Wiener Rathausplatz, steht diesmal im Zeichen der bevorstehenden Nationalratswahl. Ein Messerattentat auf Bürgermeister Helmut Zilk kann vereitelt werden.
9. 4. Größter Postzugraub in der Kriminalgeschichte Österreichs. Auf der Strecke Linz – Wien überfallen drei Täter einen Regionalzug, erschießen einen Postbegleiter und erbeuten ca. 35 Millionen Schilling.
11. 7. Die Inntal-Autobahnbrücke bei Kufstein muß wegen Einsturzgefahr gesperrt werden.
27. 7. Im Wiener AKH werden die siamesischen Zwillinge Hassan und Salem getrennt. Salem stirbt im Oktober.
29. 7. Altbundeskanzler Bruno Kreisky stirbt in Wien (geboren 22. 1. 1911 in Wien).
13. 8. Österreich schließt sich den Sanktionen gegen den Irak an.
26. 8. Golf-Krise. Bundespräsident Waldheim gelingt es, nach seinem Treffen mit Saddam Hussein, die 95 österreichischen Geiseln aus dem Irak und aus Kuwait herauszuholen.
25. 9. Ex-Bundeskanzler Sinowatz wird im Zusammenhang mit der „Affäre Waldheim" wegen falscher Zeugenaussage zu einer Geldstrafe von 350.000 Schilling verurteilt.

Am Siegerpodest: Nationalratswahl 1990

7. 10. Nationalratswahlen. Mandatsverteilung: SPÖ 80 (43%), ÖVP 60 (32,1 %), FPÖ 33 (16,6 %).
30. 11. Hilde Spiel, Schriftstellerin, stirbt in Wien (geboren 19. 10. 1911 in Wien).
11. 12. SPÖ und ÖVP einigen sich auf die Fortsetzung der großen Koalition.
17. 12. Die neue österreichische Bundesregierung wird vereidigt. Der Regierungsbildung war u. a. ein in der Öffentlichkeit als peinlich empfundener heftiger Disput um die Besetzung des Justizressorts vorausgegangen.

1991

8. 1. Jörg Haider droht mit einem „Freistaat Kärnten".
Jänner. Der Wiener Opernball wird wegen des Golfkrieges abgesagt.
1. 2. Im „Noricum-Prozeß" werden 14 Manager verurteilt.
18. 2. Bundeskanzler Vranitzky konferiert in Brüssel mit der EG-Kommission.

17. 2. Hans Thimig, Burgschauspieler, stirbt im Alter von 90 Jahren in Wien. Er war das letze Mitglied einer großen Theaterdynastie. Vater Hugo Thimig war von 1912-1918 Burgtheaterdirektor, seine Geschwister waren Hermann und Helene Thimig, sein Schwager Max Reinhardt.
5. 3. Umweltministerin Marilies Flemming tritt wegen ihrer Beteiligung an einer Filmfirma zurück. Nachfolgerin wird Ruth Feldgrill-Zankel.
11. 3. Udo Proksch wird nach 56 Verhandlungstagen im „Lucona"-Prozeß zu 20 Jahren Haft verurteilt.
29. 3. Vier Krankenschwestern werden im „Lainz"-Prozeß schuldig gesprochen, Patienten durch überdosierte Medikamentengaben umgebracht zu haben.
21. 4. Willi Boskovsky, Konzertmeister und Dirigent, stirbt im Alter von 81 Jahren in seiner Schweizer Wahlheimat. Als „König des Neujahrskonzerts" der Wiener Philharmoniker bezeichnet, hat er dieses Konzert 25 Jahre lang mit Charme geleitet.
Mai. Helmut Schüller tritt die Nachfolge von Prälat Leopold Ungar als Präsident der Österreichischen Caritas an.
21. 5. Eine Maschine der Lauda-Air explodiert auf dem Flug nach Wien über Thailand.
13. 6. Jörg Haider muß nach seiner Aussage über die „ordentliche Beschäftigungspolitik im Dritten Reich" als Kärntner Landeshauptmann zurücktreten. Christof Zernatto (ÖVP) wird am 25. 6. sein Nachfolger.
28. 6. Erhard Busek löst Josef Riegler als neuer ÖVP-Chef ab, am 2. Juli wird er auch Vizekanzler.
8. 7. Als erster österreichischer Bundeskanzler bekennt sich Franz Vranitzky zu einer Mitschuld seines Landes an den Nazi-Verbrechen.
18. 7. Karl Stix wird Landeshauptmann von Burgenland.
31. 7. Positives Avis der EG-Kommission zum österreichischen Beitrittsantrag.
12. 8. Hans Weigel, Schriftsteller und Kritiker, stirbt in Maria Enzersdorf bei Wien (geboren 29. 5. 1908 in Wien).
15. 9. Der Wiener Weihbischof Kurt Krenn tritt sein Amt als Diözesanbischof von St. Pölten an. Am Vorabend hatten 3.000 Katholiken in einem Schweigemarsch gegen die Ernennung des konservativen Kirchenmannes durch den Vatikan ohne Rücksprache mit der Ortskirche protestiert.
September. „Ötzi", der Mann, der vor ca. 5300 Jahren starb, wird am Tiroler Similaun-Gletscher gefunden.
7. 10. Die Zentralsparkasse und Kommerzialbank Wien schließt sich mit der Österreichischen Länderbank AG zur größten Bank Österreichs zusammen. Generaldirektor ist René Alfons Haiden, Vizegeneraldirektor Gerhard Randa.
8. 10. Hannes Androsch wird wegen Steuerhinterziehung zu einer empflindlichen Geldstrafe verurteilt.
24. 10. Fünftausend Wiener nehmen an einem Schweigemarsch gegen Antisemitismus teil.
28. 11. SPÖ und ÖVP einigen sich auf ein sogenanntes Ökosteuerpaket, das u. a. eine Anhebung der Kfz-Steuer und der Mineralölsteuer beinhaltet. Es werden Mehreinnahmen von 5,1 Milliarden Schilling erwartet.
4. 12. Das Parlament verabschiedet ein neues Asylgesetz.

1992

7. 1. Der Rechtsextremist Gottfried Küssel wird verhaftet, die „Wehrsportgruppe Trenck" zerschlagen.
15. 1. Nach monatelangem Drängen der ÖVP anerkennt Österreich Slowenien und Kroatien.

Der Span im Auge der anderen – der Balken vor dem eigenen Kopf: Voggenhuber und die EG.

16. 1. Der Fraktionsvorsitzende der Grünen, Johannes Voggenhuber, wird durch Madeleine Petrovic ersetzt.
28. 1. Im Berufungsverfahren wird Udo Proksch zu lebenslanger Haft verurteilt.
6. 4. Der Schweizer Ausstellungsmacher Toni Stooss wird Leiter der Wiener Kunsthalle auf dem Karlsplatz.
29. 3. Eberhard Waechter, Operndirektor, bricht im Alter von 62 Jahren während eines Spaziergangs im Wienerwald tot zusammen. Sein Nachfolger wird Ioan Holender.
30. 3. Viktor Klima löst Rudolf Streicher als Verkehrsminister, Michael Ausserwinkler Harald Ettl als Gesundheitsminister ab.

1. 5. Wiens City wird Kurzparkzone.
16. 5. Humbert Fink, Publizist und Schriftsteller, stirbt in Maria Saal/Ktn. (geboren 13. 8. 1933 in Salerno).
24. 5. Thomas Klestil wird mit 56,85% der abgegebenen Stimmen zum neuen Bundespräsidenten gewählt, Amtseinführung ist am 8. Juli. Seine Gegenkandidaten: Rudolf Streicher (SPÖ), Heide Schmidt (FPÖ), Robert Jungk (Grüne).
14. 6. Der Filmproduzent Helmut Frodl wird unter dem Verdacht festgenommen, den Tonstudiobesitzer Fritz Köberl ermordet zu haben.
17. 6. 60.000 Menschen nehmen in Wien an einer Kundgebung gegen Fremdenfeindlichkeit teil.
26. 7. Gérard Mortier tritt als neuer Leiter der Salzburger Festspiele an.
12. 9. Bernhard Görg wird neuer Obmann der Wiener ÖVP.
22. 10. Dr. Erwin Pröll löst Siegfried Ludwig als niederösterreichischer Landeshauptmann ab.
11. 11. Maria Rauch-Kallat wird neue Umweltministerin.
14. 11. Ernst Happel, Fußball-Teamchef, stirbt in Innsbruck (geboren 29. 11. 1925 in Wien) Sein Nachfolger wird Herbert Prohaska.
27. 11. Ein Großbrand in der Wiener Hofburg vernichtet die Redoutensäle. Der Schaden wird auf eine Milliarde Schilling geschätzt.
10. 12. Die Plattform „SOS Mitmensch" will ein Gegengewicht zum FPÖ-Volksbegehren „Österreich zuerst'" bilden.
30. 12. Ein Möbelhändler gesteht den Raub der Gebeine von Mary Vetsera, der Geliebten des Kronprinzen Rudolf, auf dem Friedhof von Mayerling.
31. 12. Die Ära Peter Weck am Theater an der Wien, in der Wien zur Musical-Metropole wurde, endet. Rudi Klausnitzer wird sein Nachfolger.

1993

19. 1. Führerscheinskandal. Sieben Magistratsbeamte und vier Fahrlehrer werden in Wien verhaftet. Es wird ihnen vorgeworfen, jahrelang Schmiergeld für das Bekanntgeben von Prüfungsfragen kassiert zu haben.
23. 1. Über 250.000 verwandeln die Wiener Innenstadt in ein Lichtermeer gegen Ausländerfeindlichkeit. Es ist die größte Demonstration in der österreichischen Nachkriegsgeschichte.
31. 1. Die Traumhochzeit des Jahres: Karl Habsburg-Lothringen heiratet Francesca Thyssen-Bornemisza in Mariazell.
1. 2. Beginn der EG-Beitrittsverhandlungen in Brüssel.

Heide Schmidt

4. 2. Fünf Nationalratsabgeordnete der FPÖ, darunter die 3. Nationalratspräsidentin Heide Schmidt sowie Friedhelm Frischenschlager, verlassen die Partei und bilden das Liberale Forum. Die Gruppe übt heftige Kritik an der EG- und Ausländerpolitik von Jörg Haider.
3. 4. Viktor Matejka, Publizist, Volksbildner und Kulturpolitiker, stirbt in Wien (geboren 4. 12. 1901 in Korneuburg).
25. 4. Umweltstadtrat Michael Häupl wird neuer Vorsitzender der Wiener SPÖ.

Wird Wien Los Angeles? Gesundheitsminister Michael Außerwinkler contra Wirtschaftsminister Wolfgang Schüssel und alle Raucher.

24. 6. Im „Noricum"-Prozeß werden Fred Sinowatz und Leopold Gratz freigesprochen. Karl Blecha wird in zwei Detailpunkten verurteilt.
14. 5. Hugo Wiener, Kabarettist, stirbt in Wien (geboren 16. 2. 1904 in Wien).
20. 7. Fred Liewehr, Kammerschauspieler und Burgtheater-Doyen, stirbt in Wien (geboren 17. 6. 1909 in Neutitschein/Mähren).
August. Die Diskussion um das neue Aufenthaltsgesetz für Ausländer in Österreich löst fast eine Koalitionskrise aus. Die Grünen und ÖVP-Justizsprecher Michael Graff werfen Innenminister Franz Löschnak eine schikanöse und zynische Fremdenpolitik vor. Löschnak verharrt auf seinem Standpunkt, Bundeskanzler Vranitzky steht hinter seinem Innenminister.
17. 9. ORF-Intendant Ernst Wolfram Marboe wird nach seiner Vermittlerrolle bei der Aufzeichnung der Mörbischer „Lustigen Witwe" vom ORF-Kuratorium in seiner Intendantenfunktion abberufen.
24. 9. Wendelin Weingartner wird Landeshauptmann von Tirol.
1. 10. Das neue Gesetz zur Mülltrennung tritt in Kraft und verunsichert die Bevölkerung.
1. 11. Inkrafttreten des Maastricht-Vertrages; aus der Europäischen Gemeinschaft (EG) wird die Europäische Union (EU).
3. 12. Die erste Briefbombe einer Briefbombenattentatserie explodiert in der Minderheitenredaktion des ORF. Tage später wird u. a. Wiens Bürgermeister Helmut Zilk schwer verletzt.

1994

27./28. 1. Rosa Jochmann, Sozialdemokratin, SPÖ-Politikerin, stirbt in Wien (geboren 19. 7. 1901 in Wien). Rosa Jochmann widmete sich ihr Leben lang der rechtlichen Gleichstellung der Frau und, nach dem Krieg und der KZ-Haft, dem Kampf gegen den Nationalsozialismus.
1. 3. Abschluß der Beitrittsverhandlungen in Brüssel. Teilgenommen haben Außenminister Alois Mock, EU-Staatssekretärin Brigitte Ederer und Verkehrsminister Viktor Klima.
7. 3. Beim esten Versuch des ORF-Kuratoriums, einen neuen Generalintendanten zu wählen, erreicht keiner der drei zur Abstimmung gelangten Kandidaten (Gerhard Zeiler, Johannes Kunz, Daniel Schmid) eine Zweidrittelmehrheit.
13. 3. Polittheater rund um die Kärntner Landtagswahl. Der Mandatsstand: SPÖ 14, FPÖ 13, ÖVP 9. Da weder SPÖ noch ÖVP mit der FPÖ eine Koalition eingehen wollen, wird Christof Zernatto (ÖVP) nominiert. Jörg Haider und seine Partei verhindern jedoch durch sechsmaligen geschlossenen Auszug aus dem Landtag dessen Wiederwahl.
23. 3. Da bei der Wahl des neuen ORF-Generalintendanten in mehreren Wahlgängen innerhalb der vorgesehenen Frist kein Kandidat die Zweidrittelmehrheit erreichte, wird Gerhard Zeiler (Geschäftsführer von RTL 2), auf den 20 Stimmen entfielen, zum provisorischen Generalintendanten für drei Monate (beginnend mit 11. Oktober) gewählt.
28. 4. Ein Skandal, wonach im Zusammenhang mit einer Wiener Maturaschule jahrelang Maturazeugnisse „gekauft" worden sein sollen, fliegt auf. Bis Mitte Juni werden über 300 Fälle bekannt.
30. 4. Beim Training zum Grand Prix von Monaco verunglückt der 31jährige Rennfahrer Roland Ratzenberger so schwer, daß er seinen Verletzungen erliegt.
12. 5. Die Unglücksserie rund um den Grand Prix von Monaco fordert ein weiteres Opfer: der 25jährige Rennfahrer Karl Wendlinger verunglückt so schwer, daß er wochenlang im Koma liegt und die Ärzte um sein Leben zittern.

Bundeskanzler Franz Vranitzky

4. 5. Das EU-Parlament stimmt dem Beitritt Österreichs, Schwedens, Norwegens und Finnlands zu.
7. 6. Nach 22 Jahren Bauzeit nimmt das AKH in Wien den endgültigen Vollbetrieb auf. Die Baukostensumme betrug schlußendlich 42,5 Milliarden Schilling.
Im siebenten Anlauf wird Christof Zernatto zum Landeshauptmann von Kärnten gewählt.
12. 6. Eine überwältigende Zweidrittelmehrheit (66,4 %) spricht sich in einer Volksbefragung für einen EU-Beitritt Österreichs aus.

Who is who

in Karikaturen, Anekdoten und Photographien

Achleitner, Friedrich (* 23. 5. 1930), Architekt, Schriftsteller und Architekturhistoriker.
Stieß 1955 zur avantgardistischen Autorenvereinigung „Wiener Gruppe". Der mit der Sprache Experimentierende verfaßte damals Dialektgedichte und Textmontagen. Wandte sich später der Architekturkritik zu und war 1962–1972 Architekturkritiker der „Presse". Seit 1983 Inhaber einer Lehrkanzel an der Hochschule für angewandte Kunst.

Albrecht, Anneliese (* 21. 1. 1921), Journalistin und SPÖ-Politikerin.
1945 Eintritt in die SPÖ. Journalistische Tätigkeit vorwiegend in SPÖ-Zeitungen und Zeitschriften. Wurde 1971 als Abgeordnete in den Nationalrat gewählt und war seit 1977 Frauenvorsitzende der SPÖ. 1979–1983 Staatssekretärin im Bundesministerium für Handel, Gewerbe und Industrie.

Afritsch, Josef (13. 3. 1901 – 25. 8. 1964), SPÖ-Politiker.
Gehörte 1945–1959 dem Wiener Gemeinderat an, gleichzeitig Stadtrat für allgemeine Verwaltung und Wiener Stadtgartendirektor. 1959–1963 Innenminister. 1959–1964 Abgeordneter im Parlament.

Alexander, Peter (eigentl. P.A. Neumayer; * 30. 6. 1926), Schauspieler und Sänger.
Nach dem Besuch des Reinhardt-Seminars Engagements am Wiener Bürgertheater, am Stadttheater und am Theater in der Josefstadt. Ab 1954 Mitwirkung in zahlreichen Unterhaltungs- und Operettenfilmen. Als Schlagersänger, Wienerlied-Interpret, hervorragender Parodist und Showmaster wurde er zum Publikumsliebling.

Androsch, Dr. Hannes (* 18. 4. 1938), Politiker, Steuer- und Unternehmensberater, Bankdirektor.
Ab 1967 Abgeordneter im Parlament, ab 1970 Finanzminister der Minderheitsregierung Kreiskys, ab 1. 10. 1976 Vizekanzler. 1981 Niederlegung aller Regierungsfunktionen nach einem Konflikt mit dem Bundeskanzler wegen seiner Beteiligung an einer Steuerberatungsfirma. 1981–1988 Generaldirektor der Creditanstalt-Bankverein.

Artmann, H. C. (Hans Carl; * 12. 6. 1921), Schriftsteller, Lyriker und Übersetzer.
Gehörte zu den Initiatoren der avantgardistischen Autorenvereinigung „Wiener Gruppe". 1958 durchschlagender Erfolg mit dem Gedichtband „med ana schoazzn dintn". Später wechselte er Erzählformen und Themen, Übersetzungen aus dem Schwedischen, Spanischen, Französischen und Keltischen.

Attersee, Christian Ludwig (eigentl. Christian Ludwig; * 28. 8. 1940), Maler, Aktionist und Komponist.
Einer der kreativsten und international erfolgreichsten Maler der Wiener Kunstszene. Verwendet auch Film, Literatur, Musik, Photographie, Collage und Objektkunst als Gestaltungsmittel.

Austerlitz, Friedrich (25. 4. 1862 – 5. 7. 1931), Journalist und Politiker.
Ab 1895 Chefredakteur der „Arbeiter-Zeitung", die ab diesem Zeitpunkt als Tageszeitung erschien, 1919–1930 Vertreter der Sozialdemokratischen Partei in der Konstituierenden Nationalversammlung und im Nationalrat.

Bacher, Gerd (* 18. 11. 1925), Journalist.
1954–1958 Chefredakteur des „Bild-Telegraph", 1958–1961 Chefredakteur des „Express", 1963–1967 Geschäftsführer des Verlags Fritz Molden, 1967–1974, 1978–1986 und 1990–1994 Generalintendant des ORF.

Bayer, Konrad (17. 12. 1932 – 10. 10. 1964), Schriftsteller.
1952 Gründungsmitglied der avantgardistischen Autorenvereinigung „Wiener Gruppe". Zu seinen Lebzeiten erschien der Roman „stein der weisen"; postum zwei weitere. Verübte 1964 Selbstmord.

Benya, Anton (* 8. 10. 1912), Elektromechaniker, Gewerkschafter und Politiker.
Ab 1945 Vorstandsmitglied der Gewerkschaft der Metall- und Bergarbeiter und Betriebsratsobmann, ab 1948 hauptamtlicher Sekretär im Österreichischen Gewerkschaftsbund. 1956 SPÖ-Abgeordneter im Parlament, 1959 Vizepräsident und ab 1963 Präsident des ÖGB, darüber hinaus von 1962–1977 Vorsitzender der

Gewerkschaft der Metall- und Bergarbeiter. 1971–1986 Erster Nationalratspräsident.

Bernhard, Thomas (9. 2. 1931 – 12. 2. 1989), Erzähler und Dramatiker.

Trat 1958 erstmals mit einem Gedichtband („In hora mortis") publizistisch an die Öffentlichkeit. 1963 brachte der Roman „Frost" den Durchbruch. Von nun an hielt Bernhard mit seiner Haßliebe zu Österreich, seinen Attacken auf Kirche, politisches Establishment und den heimischen Kulturbetrieb Leser und Presse in Atem. Unter seinen Dramen löste vor allem „Heldenplatz" (1988 im Burgtheater uraufgeführt) Diskussionen in der Öffentlichkeit aus.

Blaschke, Ing. Hanns (1. 4. 1896 – 25. 10. 1971), Politiker.

1943–1945 (Kriegsende) Bürgermeister von Wien.

Blecha, Karl (* 16. 3. 1933), SPÖ-Politiker, Sozialforscher.

1963–1975 Direktor des „Instituts für empirische Sozialforschung" (IFES), 1970 Abgeordneter im Nationalrat, 1976–1981 Zentralsekretär der SPÖ und Mitglied des Präsidiums, ab 1979 stellvertretender Obmann der sozialistischen Parlamentsfraktion, 1981 stellvertretender Parteivorsitzender, 1981–1989 Innenminister.

Bock, Dr. Fritz (26. 2. 1911 – 12. 12. 1993), ÖVP-Politiker und Wirtschaftstreuhänder.

1945 Gründungsmitglied der ÖVP, bis 1947 Parteigeneralsekretär. 1947–1952 Generalsekretär des ÖAAB. Ab 1949 Abgeordneter im Parlament, 1952 Staatssekretär im Handelsministerium und 1955–1956 im Finanzministerium. 1956–1968 Minister für Handel und Wiederaufbau, 1966–1968 Vizekanzler. 1969–1989 Aufsichtsratsvorsitzender der Creditanstalt-Bankverein.

Böhm, Max(i) (23. 8. 1916 in Wien – 26. 12. 1982), Schauspieler.

Gründete nach Engagements in der Provinz mit Peter Hey in Linz das Kabarett „Eulenspiegel" und kam 1949 ans Wiener Volkstheater. Bald arbeitete er für den Sender „Rot-Weiß-Rot" und moderierte im österreichischen Rundfunk Sendungen wie „Versuch dein Glück", „Die große Chance" etc. Ab 1955 zahlreiche Fernsehsendungen. Im Kabarett Simpl (1957–1974) wurde er zum Publikumsliebling. Ab 1974 Mitglied des Theaters in der Josefstadt.

Brandauer, Klaus Maria (* 22. 6. 1944), Bühnen- und Filmschauspieler.

Der gebürtige Altausseer kam nach Engagements u.a. in Düsseldorf nach Wien, zunächst ans Theater in der Josefstadt, 1972 ans Burgtheater; die Karriere des ekstatischen und zu dramatischen Gefühlsausbrüchen fähigen Schauspielers war nicht mehr aufzuhalten. Bei den Salzburger Festspielen war er 1983–1989 ein umjubelter „Jedermann", sein „Hamlet" gehört zu den Höhepunkten zeitgenössischer Darstellungskunst. Filme wie „Oberst Redl", „Hanussen", „Quo vadis", „Jenseits von Afrika" und „Rußland-Haus" machten ihn zum Weltstar.

Brauer, Arik (* 4. 1. 1929), Maler, Graphiker, Bühnenbildner, Komponist und Liedermacher.

Mitglied der Wiener Schule des Phantastischen Realismus.

Broda, DDr. Christian (12. 3. 1916 – 1. 2. 1987), Rechtsanwalt und SPÖ-Politiker.

Zunächst der KPÖ nahestehend, wandte er sich später der SPÖ zu. 1957–1959 Angehöriger des Bundesrates, erhielt er 1959 ein Nationalratsmandat. 1960–1966 sowie 1970–1983 Justizminister. 1987 Verleihung des Menschenrechtspreises des Europarates.

Bronner, Gerhard (* 23. 10. 1922), Komponist und Kabarettist.

Leitete nach seiner Rückkehr aus der Emigration eine Renaissance des Wiener Kabaretts ein. Seine Partner: Helmut Qualtinger, Carl Merz, Michael Kehlmann, Georg Kreisler, Louise Martini und Peter Wehle. 1955–1964 leitete er die „Marietta-Bar", 1956–1958 das „Intime Theater" in der Liliengasse und ab 1959 das „Theater am Kärntnertor". Legendäre Programme („Blattl vor'm Mund", „Glas vor'm Aug" etc.) entstanden; dazu bissige und zeitkritische Chansons wie „Der g'schupfte Ferdl", „Der Wilde mit seiner Maschin" sowie „Der Papa wird's schon richten". Mit den Hörfunksendereihen „Der Watschenmann" und „Der Guglhupf" wurde er beim breiten Publikum bekannt. Weniger bekannt ist, daß er nach dem Tode Friedrich Torbergs die Satiren Ephraim Kishons übersetzt sowie die deutschen Fassungen von „My Fair Lady" und „Anatevka" geschrieben hat.

Busek, Dr. Erhard (* 25. 3. 1941), Jurist und ÖVP-Politiker.

Ab 1964 Generalsekretär des Wirtschaftsbundes, 1972–1976 Generalsekretär dieser Institution. 1972–1976 Generalsekretär der ÖVP in der Parteizentrale; 1976 Obmann der Wiener ÖVP. 1976–1989 nichtamtsführender Stadtrat, 1978–1987 Vizebürgermeister von Wien. Seit 1989 Bundesminister für Wissenschaft und Forschung, seit 1991 zusätzlich ÖVP-Bundesparteiobmann und Vizekanzler.

Deix, Manfred (* 22. 2. 1949), Karikaturist.

Arbeitet seit Anfang der 70er Jahre als Cartoonist; seine Karikaturen erscheinen regelmäßig im Wochenmagazin „profil"; seit 1991 arbeitet der populäre Künstler, der schonungslos das Zeitgeschehen und seine Landsleute entlarvt, auch für die „Kronen-Zeitung".

Dohnal, Johanna (* 14. 2. 1939), SPÖ-Politikerin.

Ab 1969 als Bezirksrat und 1973–1979 im Wiener Gemeinderat und Landtag mit den Aufgabenbereichen Soziales und Konsumentenschutz betraut. 1972–1979 Landesfrauensekretärin der SPÖ, 1987 Bundesvorsitzende der SPÖ-Frauen und damit stellvertretende Parteivorsitzende, 1979 Staatssekretärin im Bundeskanzleramt. Seit 1990 Bundesministerin für Frauenfragen im Bundeskanzleramt.

Dollfuß, Dr. Engelbert (4. 10. 1892 – 25. 7. 1934), Agrarfachmann und christlichsozialer Politiker.
Wurde 1931 Landwirtschaftsminister, ab 1932 Bundeskanzler und während des Putschversuches der Nationalsozialisten im Juli 1934 im Bundeskanzleramt erschossen.

Dor, Milo (eigentl. Milutin Doroslovac; * 7. 3. 1923), Schriftsteller.
In Belgrad aufgewachsen, schloß sich Dor 1941 der Widerstandsbewegung an, wurde verhaftet und 1943 nach Wien deportiert. Seit 1949 freier Schriftsteller. Mit seinen autobiographischen Romanen „Tote auf Urlaub", „Nichts als Erinnerung" und „Die weiße Stadt" wurde er bekannt. Er übersetzt Werke aus dem Serbokroatischen, verfaßt Reisefeuilletons sowie Drehbücher für Fernsehfilme. Präsident der Interessengemeinschaft Österreichischer Autoren.

Dorsch, Käthe (* 29. 12. 1890 – 25. 12. 1957), Kammerschauspielerin.
Nach Engagements an diversen deutschen Bühnen und am Deutschen Volkstheater 1939 Debut als Maria Stuart am Wiener Burgtheater, wo sie bis 1944 und dann wieder ab 1946 bis zu ihrem Tode zahlreiche große klassische Frauenrollen spielte. War auch beim Film erfolgreich, u.a. „Mutterliebe" (1939).

Eifler, Alexander (30. 5. 1888 – 1./2. 1. 1945 im KZ Dachau), Stabschef des Republikanischen Schutzbundes.
Nach dem Verbot des Schutzbundes, 1933, ging er in die Illegalität, wurde 1934 verhaftet und im sog. „Schutzbundprozeß" zu 15 Jahren Kerker verurteilt, jedoch 1935 amnestiert. Rief 1938 zum Kampf für Österreich auf und knüpfte hiefür als Vertreter der illegalen Sozialisten Verbindungen mit offiziellen Regierungsstellen an. Es folgten Verhaftung und Verschleppung in die KZs Flossenbürg und Dachau, wo er einer tödlichen Erkrankung erlag.

Eisenreich, Herbert (7. 2. 1925 – 6. 6. 1986), Schriftsteller.
Lebte seit 1948 als freier Schriftsteller und Journalist. Errang als zeitgenössischer österreichischer Erzähler große Bedeutung und wurde weit über den deutschen Sprachraum hinaus bekannt. Sein Werk umfaßt Hörspiele, Erzählungen, Gedichte, den 1953 publizierten Roman „Auch in ihrer Sünde" sowie Sachbücher. Einen gegen Ende seines Lebens großangelegten Roman konnte er nicht mehr beenden, er blieb ein Torso, der 1985 unter dem Titel „Die abgelegte Zeit" erschien.

Eypeltauer, Dr. Beatrix (* 10. 7. 1929), Juristin und SPÖ-Politikerin.
Tochter des ehem. Linzer Bürgermeisters und Abgeordneten Dr. Ernst Koref. Beschäftigte sich als Politikerin vorwiegend mit Frauenfragen in verschiedenen Funktion, ab 1979 und ab 1983 im Kabinett Sinowatz Staatssekretär im Bautenministerium.

Farkas, Karl (28. 10. 1893 – 16. 5. 1971), Kabarettist, Regisseur und Schriftsteller.
1920 erste Begegnung mit dem Kabarett Simpl, zunächst als „Schnelldichter", dann als Autor und Darsteller; ab 1927 künstlerischer Leiter des Etablissements. Daneben 1926–1931 Direktor des Stadttheaters. 1938 Emigration nach Amerika. Nach seiner Rückkehr, 1946, Wiederaufnahme der Tätigkeit im Simpl. Radio- und Fernsehsendungen machten ihn darüber hinaus zum Publikumsliebling. Seinem Begräbnis wohnten 13.000 Wienerinnen und Wiener bei.

Fast, Franziska (* 18. 5. 1925), SPÖ-Politikerin.
1971 wurde die Gewerkschafterin zur stellvertretenden Frauenvorsitzenden des ÖGB und zur Fraktionsvorsitzenden der Sozialistischen Frauen im ÖGB gewählt. Ab 1973 Mitglied des Wiener Landtages und Gemeinderates. 1979–1983 Staatssekretärin im Bundesministerium für soziale Verwaltung. 1983–1989 Volksanwältin, seither in der Volkshilfe tätig.

Federmann, Reinhard (12. 2. 1923 – 30. 1. 1976), Schriftsteller und Übersetzer.
Begann nach dem 2. Weltkrieg zu schreiben, verfaßte (gemeinsam mit Milo Dor) Romane sowie Kurzgeschichten, Hörspiele und Features. Von seinen sechs Romanen ist „Das Himmelreich der Lügner" der bedeutendste. 1972–1975 Herausgabe der Monatsschrift für Literatur und Kunstpolitik „Die Pestsäule". Zum Teil gemeinsam mit Milo Dor übersetzte er Werke von Milovan Djilas, Ivo Andric und Dino Buzzati. Starb unbeachtet und verkannt.

Figl, Dipl.-Ing. Leopold (2. 10. 1902 – 9. 5. 1965), Agraringenieur und ÖVP-Politiker.
Nach der Freilassung aus dem KZ Mauthausen, 1945, führend an der Gründung der ÖVP beteiligt; wurde nach den ersten freien Wahlen im November 1945 Bundeskanzler. 1953 von Julius Raab als Bundeskanzler abgelöst, wurde Figl Außenminister und setzte in dieser Funktion 1955 seine Unterschrift unter den Staatsvertrag, an dessen Zustandekommen er maßgeblich beteiligt war. 1959–1962 Erster Präsident des Nationalrates, 1962–1965 Landeshauptmann von Niederösterreich.

Finger, Ing. Edi (29. 1. 1924 – 12. 4. 1989), Sportreporter.

Neben Heribert Meisel der wohl populärste Sportreporter der Nachkriegszeit, dessen Schrei „I wer' narrisch!" noch heute manchem Sportliebhaber im Ohr klingt. Begann seine Karriere als Sportjournalist bei Kärntner Zeitungen, 1946 wurde er Rundfunkreporter. War maßgeblich am Aufau der Sportabteilung des Österreichischen Rundfunks beteiligt und moderierte die ersten direkten Sportübertragungen. Ab 1967 Leiter der ORF-Hörfunk-Sportredaktion.

Firnberg, Dr. Hertha (18. 9. 1909 – 14. 2. 1994), Wirtschaftshistorikerin und SPÖ-Politikerin.

Ab 1963 Abgeordnete zum Nationalrat, ab 1966 Vorsitzende des SPÖ-Bundesfrauenkomitees (bis 1983). 1970–1983 Bundesministerin für Wissenschaft und Forschung. Die Schaffung des Universitäts-Organisationsgesetzes (UOG), neue Studienrichtungen, die Errichtung des Ephesos-Museums und des Museums moderner Kunst sowie ein modernes Denkmalschutzgesetz gehören zu ihren großen Leistungen.

Fischer, Ernst (3. 7. 1899 – 1. 8. 1972), Schriftsteller, Journalist und KPÖ-Politiker.

Schloß sich 1934 der KPÖ an, emigrierte nach Prag und Moskau, gehörte zu den führenden Intellektuellen der Kommunistischen Internationale. Kehrte 1945 nach Österreich zurück und war bis zu seinem Ausschluß wegen seiner Kritik am Einmarsch der Sowjettruppen in Prag, 1969, Mitglied des Zentralkomitees der KPÖ.

Fischer, Dr. Heinz (* 9. 10. 1938), Jurist und SPÖ-Politiker.

1963 Sekretär der SPÖ-Fraktion im Parlament, 1971 Abgeordneter. 1977 Habilitation für Politikwissenschaften an der Universität Innsbruck. 1983–1987 Bundesminister für Wissenschaft und Forschung. Der leidenschaftliche Parlamentarier kehrte danach als Klubobmann der SPÖ ins Parlament zurück. Seit 1990 Präsident im Hohen Haus.

Fuchs, Ernst (* 13. 2. 1930), Maler und Graphiker.

Mitglied der Wiener Schule des Phantastischen Realismus.

Fux, Herbert (* 25. 3. 1926), Schauspieler und Politiker der Grünen.

Der als „Filmbösewicht" bekannt gewordene Schauspieler engagierte sich von Anfang an für die „Grünen" und erhielt 1986 ein Nationalratsmandat, das er 1988 zwar zurücklegte, 1989 allerdings wieder annahm. 1990 zog er in den Salzburger Gemeinderat ein.

Gleißner, Dr. Heinrich (26. 1. 1893 – 18. 1. 1984), ÖVP-Politiker.

1934 bis März 1938 Landeshauptmann von Oberösterreich; wurde nach dem Krieg – von allen politischen Kräften nominiert – abermals für diese Funktion gewählt und blieb bis 1971 im Amt. 1951 unterlag er bei den Präsidentschaftswahlen gegen Theodor Körner.

Gorbach, Dr. Alfons (2. 9. 1898 – 31. 7. 1972), Jurist und ÖVP-Politiker.

Zog 1945 als Grazer Listenführer der ÖVP ins Parlament ein, blieb bis 1961 3. Präsident. Bundeskanzler 1961–1964. Unterlag bei den Bundespräsidentenwahlen 1965 knapp gegen Franz Jonas.

Görg, DDr. Bernhard (* 9. 2. 1942), ÖVP-Politiker.

Trat bald nach dem Studium (Geschichte/Latein, Jus) in die IBM Österreich ein, wo er leitende Polisitionen innehatte, seit 1992 Landesparteiobmann der Wiener ÖVP.

Graf, Robert, (* 17. 7. 1929), Exportkaufmann und ÖVP-Politiker.

Bundesminister für Handel, Gewerbe und Industrie 1987–1989.

Graff, Dr. Michael (* 2. 10. 1937), Rechtsanwalt, ÖVP-Politiker. Seit 1983 Mitglied des Nationalrats, 1982–1987 Generalsekretär der ÖVP; Bereichssprecher der ÖVP für Justizangelegenheiten.

Gratz, Mag. Leopold (* 4. 11. 1929), Jurist und SPÖ-Politiker.

Ab 1957 Klubsekretär, ab 1963 Zentralsekretär der SPÖ. 1966 in den Nationalrat gewählt, 1970–1971 Unterrichtsminister, danach Rückkehr ins Parlament. 1973–1983 Bürgermeister von Wien, 1984–1986 Außenminister, danach Erster Nationalratspräsident. 1989 trat er wegen der Verwicklung in den Fall Lucona zurück.

Gruber, Dr. Karl (* 3. 5. 1909), Jurist und Politiker.

Der Tiroler war 1945 führend in der Widerstandsbewegung und von Mai bis Oktober 1945 Tiroler Landeshauptmann. Dann Unterstaatssekretär für Äußeres und bis 1953 Außenminister. Trat dann in den diplomatischen Dienst und war Botschafter in Washington, Madrid, Bonn und Bern. Seit der Pensionierung Präsident des Lateinamerikainstituts.

Habsburg-Lothringen, Dr. Otto (* 20. 11. 1912), ältester Sohn des letzten österreichischen Kaisers.

Seit dem Landesverweis laut Habsburger-Gesetz vom 3. 4. 1919 durfte er seine Heimat nicht mehr betreten. Unterzeichnete 1961 eine Loyalitätserklärung, mit der er auf alle Herrschaftsansprüche verzichtete und erhielt – nach Überwindung vieler innenpolitischer Hindernisse – 1966 einen österreichischen Reisepaß.

Haeusserman, Ernst (3. 6. 1916 – 11. 6. 1984), Kammerschauspieler, Regisseur und Theaterdirektor.

Gehörte vor dem Krieg dem Burgtheater-Ensemble an; nach der Rückkehr aus der Emigration zunächst Programmdirektor des US-Besatzungssenders Rot-Weiß-Rot, 1953–1959 und 1970–1977 Direktor des Theaters in der Josefstadt (teilweise zusammen mit Franz Stoß). 1959–1968 Direktor des Burgtheaters. Ab 1961 gehörte er dem Direktorium der Salzburger Festspiele an.

Haider, Dr. Jörg (* 26. 1. 1950), Jurist und FPÖ-Politiker.
Kam 1971 in die Bundesparteileitung der FPÖ. 1979–1983 Abgeordneter zum Nationalrat, ab 1983 Landesrat in Kärnten, ab 1986 Bundesparteiobmann, worauf die SPÖ die kleine Koalition mit der FPÖ auflöste. 1988–1991 Landeshauptmann von Kärnten. 1992 übernahm er das Klubpräsidium der FPÖ im Nationalrat.

Haslauer, Dr. Wilfried (* 29. 11. 1926), ÖVP-Politiker.
Ab 1961 ÖVP-Mandatar im Salzburger Landtag, ab 1973 stellvertretender und 1977–1989 Landeshauptmann von Salzburg.

Häuser, Ing. Rudolf (* 19. 3. 1909), Techniker und SPÖ-Politiker.
Ab 1962 Abgeordneter zum Nationalrat. Wurde 1970 von Kreisky als Sozialminister und Vizekanzler in dessen Kabinett berufen. Mit seinem Ausscheiden 1976 zog er sich von der Politik zurück.

Hausner, Rudolf (* 4. 12. 1914), Maler.
Mitglied der Wiener Schule des Phantastischen Realismus.

Hawlicek, Dr. Hilde (* 14. 4. 1942), AHS-Lehrerin und SPÖ-Politikerin.
1971–1976 Mitglied des Bundesrates, wurde sie 1976 Abgeordnete zum Nationalrat und war in mehreren Ausschüssen tätig. 1987–1990 Bundesministerin für Unterricht und Kunst.

Heller, André (eigentl. Franz H.; * 22. 3. 1947), Schriftsteller, Liedermacher und Multimediakünstler.
Der phantasiebegabte Künstler startete seine Karriere 1968 bei Ö3 als Diskjockey und Moderator, wurde danach mit seinen poetisch-satirischen Liedern bekannt. Gründete 1976 mit Paul Bernhard den „Zirkus Roncalli", 1981 entstand das Varieté-Stück „Flic Flac". Danach internationale Großprojekte wie „Begnadete Körper" oder „Wintergarten". 1987 Veröffentlichung des Romans „Der Schattentaucher".

Helmer, Oskar (16. 11. 1887 – 13. 2. 1963), Schriftsetzer und SPÖ-Politiker.
Begann seine politische Karriere nach 1919 in Niederösterreich und machte sich dort 1945 sofort an den Aufbau der SPÖ; wurde im selben Jahr zunächst Unterstaatssekretär und dann (bis 1959) Innenminister.

Henz, Dr. Rudolf (10. 5. 1897 – 12. 2. 1987), Schriftsteller.
Ab 1932 Programmdirektor der RAVAG, wo er den Schulfunk einführte. 1945–1971 wieder beim Rundfunk, zunächst als Programmdirektor, dann im Aufsichtsrat und im Programmbeirat. War ein betonter Vertreter des politischen Katholizismus. Sein Werk umfaßt Romane, Gedichtbände und Dramen.

Hesoun, Josef (* 12. 4. 1930), Automechaniker und SPÖ-Politiker.
Gehörte 1975–1979 dem Bundesrat an, danach dem Nationalrat. Ab 1974 Präsident der Kammer für Arbeiter und Angestellte für Niederösterreich, seit 1990 Bundesminister für Arbeit und Soziales.

Hilbert, Dr. Egon (19. 5. 1899 – 18. 1. 1968), Theaterdirektor.
Der Jurist kam nach 1945 als provisorischer Direktor des Salzburger Landestheaters zum Theater, war 1946–1953 Leiter der Bundestheaterverwaltung und 1954–1959 Leiter des österr. Kulturinstituts in Rom. 1959–1963 Intendant der Wiener Festwochen. Ab 1963 gemeinsam mit Herbert von Karajan Direktor der Staatsoper; nach Karajans Abgang leitete er die Direktion bis 1968 allein.

Holaubek, Josef (* 5. 1. 1907), Feuerwerker und Polizeipräsident.
Wurde 1945 zum Branddirektor von Wien ernannt, 1947 zum Polizeipräsidenten und Sicherheitsdirektor; dieses Amt bekleidete er bis zur Pensionierung 1972.

Hollegha, Wolfgang (* 4. 3. 1929), Maler.
Gehörte Mitte der 50er Jahre zur avantgardistischen Künstlergruppe der Galerie nächst St. Stephan. Ab 1972 Professor an der Akademie der bildenden Künste in Wien, leitete er 1972–1981 die Meisterklasse für Malerei.

Hundertwasser, Friedensreich (eigentl. Friedrich Stowasser; * 15. 12. 1928), Maler und Umweltschützer.
Stellte 1952 erstmals im Wiener Art-Club aus. Malte anfänglich in realistischer Manier, bis er seinen charakteristischen Stil – die Spirale als Grundstruktur – fand. Leitet seit 1980 eine Meisterklasse für Malerei an der Akademie. Erregte weltweites Aufsehen mit dem Bau einer Wohnhausanlage (1988/89) und eröfffnete 1991 an der Weißgerberlände sein „KunstHaus Wien".

Hurdes, Dr. Felix (9. 8. 1901 – 12. 10. 1974), Rechtsanwalt und ÖVP-Politiker.
Zählte 1945 zu den Mitbegründern der ÖVP. 1945–1966 Abgeordneter im Parlament, 1945–1952 Unterrichtsminister. 1953 Erster Nationalratspräsident, 1959–1966 Obmann des ÖVP-Parlamentsklubs.

Hutter, Wolfgang (* 13. 12. 1928), Maler.
Mitglied der Wiener Schule des Phantastischen Realismus.

Illig, DDDr. Udo (13. 4. 1897 – 22. 1. 1989), Wirtschaftsexperte und Politiker.
1927–1932 war der Steirer Abgeordneter der Christlichsozialen

Partei im Landtag. 1945–1953 Mitglied der steirischen Landesregierung. 1953–1956 Bundesminister für Handel und Wiederaufbau.

Jonas, Franz (4. 10. 1899 – 24. 4. 1974), SPÖ-Politiker.
Sein politischer Aufstieg begann nach 1945: 1948 Amtsführender Stadtrat für das Ernährungswesen, 1949 Übernahme des Bauressorts. 1951–1965 Bürgermeister von Wien, 1965–1974 Bundespräsident.

Kamitz, Dr. Reinhard (18. 6. 1907 – 9. 8. 1993), Wirtschaftspolitiker.
Wurde als anerkannter Wirtschaftswissenschaftler 1952 zum Finanzminister bestellt und leitete das Ressort bis 1960, dann Übernahme der Leitung der Oesterreichischen Nationalbank (bis 1966).

Karajan, Herbert von (5. 4. 1908 – 16. 7. 1989), Dirigent.
Seit 1947 in Wien tätig, legte er hier den Grundstein zu einer beispielhaften Karriere. Wurde 1949 Direktor der Gesellschaft der Wiener Musikfreunde, 1954 Chefdirigent der Berliner Philharmoniker. 1956–1964 Direktor der Wiener Staatsoper, gleichzeitig künstlerischer Leiter der Salzburger Festspiele. 1967 Begründung der Salzburger Osterfestspiele. Mit seinem Interesse an technischen Entwicklungen verstand er es, die Medien in den Dienst der klassischen Musik zu stellen.

Kienzl, Dr. Heinz (* 8. 10. 1922), Gewerkschafter und Bankfachmann.
War seit 1947 Mitarbeiter des Österreichischen Gewerkschaftsbundes in verschiedenen Funktionen; 1971–1991 Vorsitzender der Kontrollkommission des ÖGB. Wurde 1969 stellvertretender Generaldirektor der Oesterreichischen Nationalbank, war 1973–1988 deren Generaldirektor und 1988–1993 ihr Erster Vizepräsident.

Kirchschläger, Dr. Rudolf (* 20. 3. 1915), Jurist und Diplomat.
War Richter, Landesgerichtsrat und wurde 1954 in die Völkerrechtsabteilung des Außenministeriums berufen. 1958 a.o. Gesandter und Bevollmächtigter des Ministers, 1963 dessen Kabinettschef, 1967–1970 Gesandter in Prag. 1974 wurde der Parteilose als Kandidat der SPÖ zum Bundespräsidenten gewählt und schied 1986 aus dem Amt.

Klammer, Franz (* 3. 12. 1953), Skirennläufer.
In den 70er Jahren dominierender Abfahrtsläufer; gewann 24 Weltcupabfahrten, war fünffacher Gewinner des Abfahrtsweltcups, errang 1976 bei den Olympischen Spielen in Innsbruck die Goldmedaille in der Herrenabfahrt.

Klaus, Dr. Josef (* 15. 8. 1910), Rechtsanwalt, ÖVP-Politiker.
1949–1961 Landeshauptmann von Salzburg, 1961–1963 Finanzminister im Kabinett Gorbach. 1964–1966 Kanzler einer Koalitionsregierung, 1966–1970 einer ÖVP-Alleinregierung.

Klestil, Dr. Thomas (* 4. 11. 1932), Diplomat.
Wurde nach diversen diplomatischen Verwendungen 1978 zum Botschafter bei den Vereinten Nationen ernannt, 1982–1987 vertrat er Österreich in Washington. 1991 wurde er von der ÖVP zu ihrem Kandidaten für die Präsidentschaftswahlen 1992 nominiert und im zweiten Wahlgang mit 56 % der Stimmen gewählt.

Kokoschka, Oskar (1. 3. 1886 – 22. 2. 1980), Maler, Graphiker und Schriftsteller.
War 1907–1909 Mitarbeiter der Wiener Werkstätte, stellte 1908 erstmals aus. Sein Frühwerk markierte den Beginn der expressionistischen Epoche und erntete neben Ablehnung auch erste Erfolge. 1919–1924 Professor an der Dresdner Kunstakademie. Ließ sich nach der Rückkehr aus der Emigration in Villeneuve am Genfer See nieder, gründete 1953 in Salzburg die Sommerakademie „Schule des Sehens", die er bis 1962 leitete. Das Lebenswerk des einst skandalumwitterten Jünglings und später geehrten Künstlers umfaßt Portraits, Stadtlandschaften, Stilleben, Bleistiftzeichnungen, Radierungen und Lithographien, Plakate, Kostümentwürfe und Bühnenbilder; aber auch literarische Arbeiten wie „Die träumenden Knaben" oder das Drama „Mörder, Hoffnung der Frauen".

Kolb, Dr. Ernst (9. 1. 1912 – 23. 9. 1978), Jurist und ÖVP-Politiker.
Zunächst kommunalpolitische Aufgaben in Vorarlberg, ab 1945 Abgeordneter im Parlament, wo er bis 1959 ein Mandat innehatte. 1948–1952 Bundesminister für Handel und Wiederaufbau, dann bis 1954 Unterrichtsminister. 1959–1976 Professor für Staats- und Verwaltungsrecht an der Universität Innsbruck (1967/68 auch Rektor).

König, Dr. Franz (* 3. 8. 1905), Kardinal.
Nach 1945 Privatdozent für Religionswissenschaften in Wien, 1949 Univ.-Prof. für Moraltheologie in Salzburg. 1951 wurde er zum Bischofkoadjutor in St. Pölten, 1956 zum Erzbischof von Wien ernannt. 1958 Erhebung zum Kardinal. Trat 1985 aus Altersgründen von seinem Amt zurück.

Koren, Dr. Stefan (14. 11. 1919 – 26. 1. 1988), Bankfachmann und ÖVP-Politiker.
Wurde 1967 Staatssekretär im Bundeskanzleramt, 1968 Finanzminister. 1970–1978 ÖVP-Klubobmann im Parlament. Ab 1978 war er Präsident der Oesterreichischen Nationalbank, seit 1968 Ordinarius an der Wirtschaftsuniversität.

Körner, Dr. Theodor (24. 4. 1873 – 4. 1. 1957), Staatsmann.

Der Berufsoffizier trat 1924 der Sozialdemokratischen Partei bei; war 1934 und 1944 in Haft. Von April 1945 bis 1951 Bürgermeister von Wien. Ab 1951 bis zu seinem Tode der erste, direkt vom Volk gewählte Bundespräsident.

Krainer, Dr. Josef jun. (* 26. 8. 1930), ÖVP-Politiker.
Der älteste Sohn des steirischen Altlandeshauptmanns Josef Krainer wurde 1966 stellvertretender Direktor und 1969 Direktor des steirischen Bauernbundes, 1970 Nationalratsmandatar und 1972 Landesparteiobmann der ÖVP. Seit 1980 Landeshauptmann der Steiermark.

Krauss, Clemens (31. 3. 1893 – 16. 5. 1954), Dirigent.
Der ehemalige Hofsängerknabe kam über Brünn, Riga, Nürnberg, Stettin und Graz 1922 als Dirigent an die Staatsoper, deren Direktor er 1929–1934 war. 1924 rief er das Neujahrskonzert der Wiener Philharmoniker ins Leben. Ab 1947 dirigierte er regelmäßig an der Staatsoper, bei den Philharmonikern und in Salzburg.

Kreisky, Dr. Bruno (22. 1. 1911 – 29. 7. 1990), Diplomat und SPÖ-Politiker.
Wurde 1935 wegen Hochverrates – er hatte die „Sozialistische Revolutionäre Jugend" gegründet – verurteilt; drei Jahre später ging er nach Schweden ins Exil. Nach der Rückkehr Eintritt in den diplomatischen Dienst, wurde Staatssekretär und 1959–1966 Außenminister. 1967 zum Vorsitzenden der SPÖ gewählt. 1970 wurde er Bundeskanzler (zunächst Minderheitsregierung, dann Alleinregierung der SPÖ), legte das Amt 1983 nieder, als die SPÖ die absolute Mehrheit verlor.

Krenn, Dr. Kurt (* 28. 6. 1936), Bischof.
Ab 1970 Professor für Philosophie an der katholisch-theologischen Hochschule in Linz, ab 1975 Ordinarius für Systematische Theologie an der Universität Regensburg. 1987 zum Bischof geweiht und als Bischofsvikar für Wissenschaft, Kunst und Kultur in Wien bestellt. 1991 als Bischof der Erzdiözese St. Pölten inthronisiert. Diese Berufung des Erzkonservativen führte zu einer innerkirchlichen Polarisierung.

Lacina, Dkfm. Ferdinand (* 31. 12. 1942), SPÖ-Politiker.
War ab 1980 Kabinettschef von Bruno Kreisky und wurde 1982 Staatssekretär für wirtschafts- und entwicklungspolitische Angelegenheiten, 1984 übernahm er das Ressort in Ministerverantwortlichkeit. Seit 1986 Finanzminister.

Lanner, Dr. Sixtus (* 12. 5. 1934), ÖVP-Politiker.
Nach der Tätigkeit in der Landwirtschaftskammer, 1969–1976 Direktor des Österr. Bauernbundes. 1976–1982 Generalsekretär der ÖVP. Zusätzlich seit 1971 Abgeordneter zum Nationanalrat. 1977–1982 Vizepräsident der Europäischen Union Christlicher Demokraten sowie 1987–1992 Präsident der Agrarkommission des Europarates. Seit 1992 Vorsitzender des Europarates für die Entwicklung des ländlichen Raumes.

Lauda, Niki (* 22. 2. 1949), Autorennfahrer, Flugunternehmer.
Ab 1970 Profirennfahrer mit steiler Karriere. War dreimal Formel-I-Weltmeister: 1975 und 1977 auf Ferrari und 1984 auf MacLaren (trotz eines schweren Unfalls auf dem deutschen Nürburgring, 1976). Errang insgesamt 25 Siege bei Grand-Prix-Rennen. 1984 nahm er Abschied vom Rennsport und widmet sich seither seiner schon 1979 gegründeten Fluggesellschaft „Lauda Air".

Leherb, Helmut (eigentl. H. Leherbauer; * 14. 3. 1933), Maler.
Mitglied der Wiener Schule des Phantastischen Realismus, überwarf sich jedoch bald mit der Gruppe und ging nach Paris.

Lehmden, Anton (* 2. 1. 1929), Maler.
Mitglied der Wiener Schule des Phantastischen Realismus.

Lernet-Holenia, Alexander (21. 10. 1897 – 3. 7. 1976), Schriftsteller.
Lebte ab 1923 als freier Schriftsteller, war 1969–1973 Präsident des österreichischen PEN-Clubs. Sein Werk – Lyrik, Konversationsstücke, Romane, Erzählungen, Novellen – widerspiegelt die Weltsicht eines eigenwilligen Altösterreichers.

Lindtberg, Leopold (eigentl. L. Lamberger; 1. 6. 1902 – 18. 4. 1984), Schauspieler und Regisseur.
War einer der profiliertesten Regisseure unserer Zeit und hat in jahrzehntelanger Arbeit am Burgtheater das Wiener Kulturleben entscheidend mitgestaltet. 1963/64 Professor am Reinhardt-Seminar und 1963–1965 Leiter der Filmschule an der Akademie für Musik und Darstellende Kunst in Wien.

Lorenz, Dr. Adolf (21. 4. 1854 – 12. 2. 1946), Orthopäde.
Gilt als Begründer der modernen Orthopädie. Die unblutige Korrektur angeborener Hüftgelenksverrenkungen machte ihn weltberühmt. 1889 wurde er der erste a.o. Professor für Orthopädie in Österreich, 1924 o. Univ.-Professor.

Lorenz, Dr. Konrad (7. 11. 1903 – 27. 2. 1989), Tierpsychologe und Verhaltensforscher.
Der Sohn von Adolf Lorenz gilt als Begründer der modernen Verhaltensforschung. 1949 Gründung der Station für vergleichende Verhaltensforschung in Altenberg, ab 1951 Leitung des Max-Planck-Instituts für Verhaltensphysiologie in Buldern/Westfalen, ab 1961 Direktor in Seewiesen/Bayern. Erhielt 1973 gemeinsam mit Karl von Frisch den Nobelpreis für Medizin.

Lütgendorf, Karl Freiherr von (15. 10. 1914 – 9. 10. 1981), Berufsoffizier.
Trat 1955 dem Bundesheer bei. 1956 Oberstleutnant im Generalstab, 1966 Brigadier. 1971 von Kreisky zum Verteidigungsmi-

nister berufen, mußte er 1977 wegen Beteiligung an Waffenexporten in das syrische Kriegsgebiet zurücktreten. Beging 1981 Selbstmord.

Maleta, Dr. Alfred (15. 1. 1906 – 17. 7. 1990), Jurist und ÖVP-Politiker.

Nach Kriegsende Mitbegründer der ÖVP. 1945–1975 Abgeordneter zum Nationalrat, 1951–1960 Generalsekretär der ÖVP, 1961/62 Dritter, 1962–1970 Erster und 1970–1975 Zweiter Präsident des Nationalrats. 1955–1966 wählten ihn die christlich-demokratischen Parteien Europas zu ihrem Präsidenten.

Marboe, Ernst Wolfram (* 10. 8. 1938), Fernsehintendant.

Nach diversen Verpflichtungen bei Theatern und Festspielveranstaltungen als Assistent bzw. künstlerischer Leiter wurde er 1967 Angestellter des Österreichischen Rundfunks (zunächst als Dramaturg, Regisseur etc.). Ab 1976 Landesintendant Niederösterreich, ab 1978 Intendant des zweiten Fernsehprogramms und 1984–1993 Programmintendant des Fernsehens.

Matejka, Dr.Viktor (4. 12. 1901 – 3. 4. 1993), Kulturpolitiker und Publizist.

Der erklärte Gegner des Nationalsozialismus war 1938–1944 im KZ Dachau inhaftiert. 1945–1949 kommunistischer Stadtrat für Kultur und Volksbildung in Wien, setzte sich für die Rückkehr der vertriebenen Österreicher jüdischer Herkunft ein. Der Freund zahlreicher Künstler brach 1966 mit der KPÖ und schrieb im hohen Alter Bücher, die seine unorthodoxe Denkweise widerspiegeln.

Maurer, Andreas (* 7. 9. 1919), Landwirt und ÖVP-Politiker.

Schloß sich 1946 der ÖVP an, kam 1959 in den nö. Landtag und 1964 in die Landesregierung. 1966–1981 Landeshauptmann von Niederösterreich. Er zählte zu den Befürwortern des Kernkraftwerkes Zwentendorf.

Mautner Markhof, Manfred (17. 9. 1903 – 4. 1. 1981), Großindustrieller.

Leitete jahrzehntelang den Familienkonzern und nahm gleichzeitig eine wichtige Stellung im politischen, vor allem aber im kulturellen Leben Wiens ein. Er war Präsident der Wiener Konzerthausgesellschaft und des Wiener Männergesangsvereins sowie Ehrenmitglied der Wiener Philharmoniker.

Meinrad, Josef (* 21. 4. 1913), Kammerschauspieler.

Besuchte ein Priesterseminar, bevor er Schauspieler wurde. Ab 1947 Burgschauspieler; spielte bis zu seiner Pensionierung ernste und komische Charakterrollen. Er war auch beim Film tätig und machte eine Musical-Karriere („Der Mann von La Mancha"). Meinrad ist seit 1959 Träger des Iffland-Ringes, der vom Träger dem jeweils „größten deutschen Schauspieler" weitervererbt wird.

Meissner-Blau, Freda (* 11. 3. 1927), Politikerin.

1962–1968 Generalsekretärin des Instituts für Höhere Studien in Wien. Engagierte sich Mitte der 70er Jahre zunehmend für Fragen des Natur- und Umweltschutzes, stand 1984/85 als Kernkraftgegnerin an der Spitze der Bewegung gegen den Bau des Kernkraftwerkes Zwentendorf. Kandidierte 1986 für die Grünen bei der Bundespräsidentenwahl.

Mikl, Josef (* 8. 8. 1929), Maler und Graphiker.

Gehörte Mitte der 50er Jahre zur avantgardistischen Künstlergruppe der Galerie nächst St. Stephan. Genießt heute internationales Renommee.

Mock, Dr. Alois (* 10. 6. 1934) Diplomat und ÖVP-Politiker.

Ab 1961 im Bundeskanzleramt als Referent für EWG- und EFTA-Fragen tätig, 1962–1964 Mitglied der österreichischen Vertretung bei der OECD in Paris. 1966 Kabinettschef bei Kanzler Klaus, 1969/70 Unterrichtsminister, 1970 Abgeordneter zum Nationalrat, 1978 Klubobmann der ÖVP. 1979–1989 Bundesparteiobmann. Seit 1987 Bundesminister für Auswärtige Angelegenheiten (1987–1989 auch Vizekanzler), hat er sich um die Aufnahme Österreichs in die Europäische Union verdient gemacht.

Mortier, Dr. Gérard (* 25. 11. 1943), belgischer Kulturmanager.

Der gebürtige Flame etablierte sich dank künstlerischem Instinkt, guter persönlicher Kontakte, administrativem und finanziellem Know-how, Fingerspitzengefühl und Nervenkraft für Konflikte als Ausnahme-Talent in der internationalen Kulturszene. Über Christoph von Dohnányi war er zur Oper nach Deutschland gekommen. Nach dem Tod Herbert von Karajans wurde er Ende 1989 als dessen Nachfolger mit der künstlerischen Leitung der Salzburger Festspiele ab 1991 betraut.

Moser, Hans (eigentl. Jean Julier; 6. 8. 1880 – 19. 6. 1964), Schauspieler.

Einer der populärsten österreichischen Schauspieler; seine unverwechselbare Komik, sein typisches Nuscheln und seine rudernde Gestik wurden zum Markenzeichen. Bekanntgeworden ist er durch eine Vielzahl von Filmrollen ab den 30er Jahren. Als Vollblutkomödiant reüssierte er jedoch nicht nur als Spaßmacher, er wußte auch als Theaterschauspieler in ernsten Rollen zu überzeugen und zu erschüttern.

Muliar, Fritz (* 12. 12. 1919), Schauspieler und Regissseur.

Nach kleineren Engagements zunächst Operettenbuffo am Wiener Raimundtheater, kam dann ans Volkstheater und ab 1964 ans Theater in der Josefstadt. 1974–1987 Mitglied des Burgtheaters. Seine Stärke sind Nestroy-Figuren, sein Glanzrolle war zweifellos der „brave Soldat Schwejk". Muliar drehte zahlreiche Filme, wirkte in TV-Serien mit und ist Autor einer Reihe von Büchern.

Nenning, DDr. Günther (* 23. 12. 1921), Journalist und Publizist.
Der gläubige Christ und Brückenbauer zwischen Kirche und Sozialdemokratie war 1950–1958 Redakteur, dann Chefredakteur der sozialistischen Tageszeitung „Neue Zeit" in Graz. Ab 1958 gab er gemeinsam mit Friedrich Torberg die Monatsschrift „Forum" heraus, die er 1965 als Eigentümer und Chefredakteur in „Neues Forum" umwandelte. 1960–1985 Präsident der Journalistengewerkschaft. 1985 wurde er von Fred Sinowatz wegen „politischer Aktionen gegen die Partei" aus der SPÖ ausgeschlossen. In der Folge oftmals Diskussionsleiter im „Club 2". Autor einiger historischer Bücher.
Nowotny, Dr. Thomas (* 13. 7. 1937), Diplomat.
War 1970–1975 Sekretär im Kabinett von Bundeskanzler Kreisky, heute OECD, Paris.
Oberhammer, Dr. Otto (* 25. 9. 1934), Jurist und Sektionschef.
Der nunmehrige Sektionschef des Justizministeriums wurde nach dem ersten Abgang von Gerd Bacher im Oktober 1974 vom Justizministerium karenziert und zum ORF-Generalintendanten gewählt; übte diese Funktion bis 1978 aus.
Olah, Franz (* 13. 3. 1910), Gewerkschafter und SPÖ-Politiker.
Stieß 1929 zur Sozialdemokratie und zur Gewerkschaftsbewegung. 1945 Flucht des politischen Häftlings aus dem KZ Dachau. Widmete sich nach dem Krieg ganz dem ÖGB, war 1949–1957 Vorstand der Gewerkschaft der Bau- und Holzarbeiter und 1959–1963 Präsident des ÖGB. 1964 Ausschluß aus der SPÖ, weil die „Kronen-Zeitung" mit Geldern des ÖGB teilfinanziert wurde. 1969 wegen Untreue zu einem Jahr Gefängnis verurteilt.
Peter, Friedrich (* 13. 7. 1921), Lehrer und FPÖ-Politiker.
Der eher liberale als nationale Politiker spielte eine entscheidende Rolle vom Übergang des VdU zur FPÖ. 1970–1978 FPÖ-Bundesparteiobmann, 1970–1985 Klubobmann seiner Fraktion im Parlament. Trat 1992 wegen Differenzen mit Jörg Haider aus der Partei aus.
Petrovic, Dr. Madeleine (* 25. 6. 1956), Juristin und Politikerin der Grünen.
Ab 1986 in der Grünen Alternative tätig, wurde sie 1987 Vorsitzende des Landesvorstandes der Grünen Alternative Wien und zog 1990 als Spitzenkandidatin der Grünen Alternative Wien in den Nationalrat ein.
Peymann, Claus (* 7. 6. 1937) Regisseur und Theaterdirektor.
Wurde 1986 nach Stattgart und Bochum (1980-1986) als Direktor ans Wiener Burgtheater berufen. Als konzessionsloser Regisseur ist er um lebendiges Theater bemüht und pflegt vor allem auch das zeitgenössische österreichische Drama, er verhalf damit Stücken von Peter Handke, Thomas Bernhard und Peter Turini zum Durchbruch. Angekreidet werden ihm von seiten des Burgtheaterensembles die vielen ausländischen Gäste und ganz allgemein die vielen Schließtage und mäßige Einspielergebnisse.
Pichler, Walter (* 1. 10. 1936), Bildhauer und Architekt.
Gehört zur österreichischen Avantgarde und stellte 1963 erstmals in der Galerie nächst St. Stephan aus. Sein Werk ist vielschichtig und zeigt einen archaisch-mythologischen und religiösen Charakter. Erfreut sich international großer Beachtung.
Piffl-Perčević, Dr. Theodor (* 17. 9. 1911), Jurist und ÖVP-Politiker.
Der gebürtige Südtiroler trat 1939 entschieden gegen die Umsiedlung der Südtiroler auf. 1960 als Kandidat der ÖVP in den Nationalrat gewählt, 1964–1969 Unterrichtsminister.
Pilz, Dr. Peter (* 22. 1. 1954), Sozialwissenschaftler und Politiker der Grünen.
Fand nach einem Zwischenspiel bei der Gruppe Revolutionärer Marxisten bei den Grünen eine Plattform, wo er seine Anliegen formulieren konnte und sich unterstützt wußte. Wurde 1986 in den Nationalrat gewählt und hat seit 1991 ein Wiener Gemeinderatsmandat inne.
Pittermann, Dr. Bruno (3. 9. 1905 – 19. 9. 1983), SPÖ-Politiker.
Begann 1929 seine Karriere als Arbeiterkammerfunktionär. 1945–1970 Angehöriger des Nationalrats, 1957–1967 Parteivorsitzender der SPÖ. Bis 1966 war der Parteichef auch Vizekanzler. Seit 1964 war er Präsident der Sozialistischen Internationale.
Pollak, Dr. Oscar (7. 10. 1893 – 28. 8. 1963), Journalist.
Der Name dieses beinahe legendären Journalisten ist untrennbar mit der „Arbeiter-Zeitung" verbunden, für die er bereits ab den 20er Jahren als Journalist, dann als Chefredakteur tätig war. In letzterer Funktion auch von 1945–1961.
Portisch, Dr. Hugo (* 19. 2. 1927), Journalist.
1955–1958 stellvertretender, 1958–1967 Chefredakteur der „Kurier". Seit 1967/68 freier Journalist und Chefkommentator des ORF. Erfolgreich und preisgekrönt sind vor allem seine Dokumentarwerke „Österreich II" (1985/86) und „Österreich I" (1989).
Pröll, Dr. Erwin (*24. 12. 1946), Agrarökonom und ÖVP-Politiker.
1972 wirtschaftspolitischer Referent in der Bauernbundzentrale, 1980 Agrarlandesrat in Niederösterreich, 1981 Finanzlandesrat

und stellvertretender Landeshauptmann. Seit 1992 Landeshauptmann von Niederösterreich.

Prachensky, Markus (* 21. 3. 1932), Maler und Graphiker.
Gehörte Mitte der 50er Jahre zur avantgardistischen Künstlergruppe der Galerie nächst St. Stephan. Er lehnt jede bewußte Formgestaltung ab und sucht mit spontan jeder seelischen Regung gehorchendem Pinsel diese in Flecken auf die Fläche zu übertragen („Tachismus").

Qualtinger, Helmut (8. 10. 1928 – 29. 9. 1986), Schauspieler, Kabarettist und Schriftsteller.
Hat von 1946–1960, gemeinsam mit Carl Merz, Gerhard Bronner, Peter Wehle und Georg Kreisler, die Wiener Kabarett-Szene mit unvergessenen Programmen beherrscht; Couplets wie „Der g'schupfte Ferdl" oder „Der Papa wird's schon richten" entstanden. 1960 wandte er sich dem Schauspiel (u.a. Volkstheater, aber auch Film- und Fernsehrollen) und der Schriftstellerei zu. Sein größter Erfolg war wohl „Der Herr Karl" (gemeinsam mit Carl Merz).

Raab, Ing. Julius (29. 11. 1891 – 8. 1. 1964), Baumeister und ÖVP-Politiker.
Zog 1927 für die Christlichsozialen in den Nationalrat ein, 1938 für kurze Zeit Handelsminister, von den Nazis mit Berufsverbot belegt. 1945 Gründung des Wirtschaftsbunds. Als Präsident der Bundeskammer der gewerblichen Wirtschaft (ab 1947) trug er wesentlich zur Etablierung der Sozialpartnerschaft bei. 1953–1961 Bundeskanzler. 1963 fand sich der bereits Schwerkranke bereit, für seine Partei gegen Adolf Schärf in den Bundespräsidenten-Wahlkampf zu ziehen und unterlag erwartungsgemäß.

Rainer, Arnulf (* 8. 12. 1929), Maler.
War Mitte der 50er Jahre Mitglied der avantgardistischen Künstlergruppe der Galerie nächst St. Stephan. Seit 1981 Professor an der Akademie der bildenden Künste in Wien.

Rainer, Roland (1. 5. 1910), Architekt und Stadtplaner.
Strebt in seinen Werken eine Verbindung von Funktionalität mit neuer Ästhetik an. Baute Bürogebäude, Schulen, Kirchen, Fabriksgebäude, die Wiener Stadthalle (1958), das ORF-Fernsehzentrum am Küniglberg, ein Hotel und zahlreiche Wohn- und Siedlungsbauten – wobei ihm der Garten ein ebenso wichtiges Element ist wie die Innenräume.

Reiter, Dkfm. Alfred (* 30. 10. 1939), Wirtschafts- und Bankfachmann.
Gehörte 1966–1971 dem SPÖ-Klub im Parlament an und war 1972–1975 Leiter des Kabinetts des Bundeskanzlers im Bundeskanzleramt; seit 1976 Mitglied des Vorstands der Österreichischen Investitionskredit AG.

Renner, Dr. Karl (14. 12. 1870 – 31. 12. 1950), Staatsmann.
Baumeister der Ersten und der Zweiten Republik. Früher Anschluß an die sozialdemokratische Bewegung, bekleidete in der Ersten Republik zahlreiche Staatsämter, zuletzt 1930-1933 Erster Nationalratspräsident, 1934 vom Dollfuß-Regime vorübergehend verhaftet. Sprach sich 1938 für den Anschluß an das Großdeutsche Reich aus. 1945 Mitbegründer der SPÖ und Staatskanzler der Provisorischen Regierung. Ab Dezember 1945 bis zu seinem Tod Bundespräsident.

Riegler, Dipl.-Ing. Josef (* 1. 11. 1938), Agrarfachmann, ÖVP-Politiker.
Nach Tätigkeit als Landwirtschaftslehrer und im Österreichischen Bauernbund ab 1976 Agrarsprecher der ÖVP im Nationalrat. 1987 Land- und Forstwirtschaftsminister, 1989–1991 Bundesminister für Föderalismus und Verwaltungsreform sowie Vizekanzler, zuletzt auch Bundesparteiobmann.

Rott, Dr. Adolf (14. 12. 1905 – 24. 7. 1982), Regisseur und Theaterdirektor.
Wurde schon 1937 als Regisseur ans Burgtheater berufen und nahm nach dem Krieg seine Tätigkeit wieder auf. 1954–1958 Direktor des Hauses, danach nur Gastregisseur. Nach 1945 war er auch Oberspielleiter der Wiener Staatsoper.

Rühm, Gerhard (* 12. 2. 1930), Schriftsteller.
1954–1964 Mitglied der avantgardistischen Autorenvereinigung „Wiener Gruppe". Schrieb Lautgedichte, Prosa und Hörspiele. Seine „Schriftbilder" erscheinen in Buchform und werden auch ausgestellt. Gilt als hervorragender Interpret der eigenen Werke.

Sallinger, Rudolf (3. 9. 1916 – 7. 3. 1992), ÖVP-Politiker.
Der Verfechter von Sozialpartnerschaft und Stabilitätspolitik war 1964–1990 Präsident der Bundeskammer der gewerblichen Wirtschaft und Obmann des Wirtschaftsbundes der ÖVP. 1966–1990 Abgeordneter zum Nationalrat.

Schärf, Dr. Adolf (20. 4. 1890 – 28. 2. 1965), Jurist und Staatsmann.
1918–1934 Sekretär dreier sozialdemokratischer Parlamentspräsidenten. Initiierte 1945 die Gründung der SPÖ und war 1945–1957 deren Vorsitzender sowie Abgeordneter zum Nationalrat. 1957–1965 Bundespräsident.

Schleinzer, Karl (8. 1. 1924 – 19. 7. 1975), Landwirt und ÖVP-Politiker.
Nach 1945 politisch für die ÖVP engagiert. 1959 Landesparteiobmann der ÖVP in Kärnten, 1960 Landesrat. 1961–1964 Verteidigungsminister, 1964–1970 Landwirtschaftsminister. 1971 zum ÖVP-Bundesparteiobmann gewählt. Kam 1975 bei einem Autounfall ums Leben.

Schmidt, Dr. Heide (* 27. 11. 1948), Juristin und Politikerin.

War seit 1973 Mitglied der FPÖ, wo sie Karriere machte. 1987 übernahm sie ein Bundesratsmandat. 1988 Generalsekretärin im Parteigremium. 1992 Kandidatin der FPÖ bei den Bundespräsidentenwahlen. Im Februar 1993 verließ sie mit vier weiteren Parteimitgliedern (u. a. Friedhelm Frischenschlager) die FPÖ und gründete eine neue Partei, das „Liberale Forum". Die Gruppe stand in heftigem Gegensatz zu Jörg Haiders EG- und Ausländerpolitik.

Schmidt, Margit (* 10. 7. 1941), Kreisky-Sekretärin.
War 1965–1990 Sekretärin von Bruno Kreisky in dessen Funktionen als Außenminister, Parteivorsitzender, Bundeskanzler, Vizepräsident der Sozialistischen Internationale und ist seit 1991 Generalsekretärin (Geschäftsführerin) des neugegründeten „Bruno Kreisky Forum für internationalen Dialog".

Schönbauer, Univ.-Prof. Dr. Leopold (13. 11. 1888 – 11. 9. 1963), Chirurg.
1930 Primarius im Krankenhaus Lainz, 1939 an die I. Chirurgische Universitätsklinik berufen. Nach dem Krieg Direktor des Allgemeinen Krankenhauses, wo er dank seines Organisationstalents die immensen Wiederaufbauprobleme meisterte. Der vielseitige Forscher verfaßte mehr als 300 Publikationen und war 1959–1962 ÖVP-Abgeordneter zum Nationalrat.

Scholten, Dr. Rudolf (* 3. 11. 1955) Jurist und Politiker.
1986 Sekretär des damaligen Finanzministers Vranitzky, 1986–1988 im Kabinett des Bundeskanzlers als wirtschafts- und kulturpolitischer Berater tätig. 1988–1990 Generalsekretär des österreichischen Bundestheaterverbandes. Seit 1990 Bundesminister für Unterricht und Kunst.

Schranz, Karl (* 18. 11. 1938), Skirennläufer und Hotelier.
Einer der tollkühnsten und prominentesten Rennläufer des österreichischen Skisports. Gewann 13 Weltcup-Einzelrennen, zweimal den Gesamtweltcup (1969, 1970) und drei Weltmeistertitel. 1972 wurde er vom Internationalen Olympischen Komitee wegen angeblichen Verstoßes gegen den Amateurstatus von der Olympiade in Sapporo ausgeschlossen, was in Österreich eine ungeahnte Medienkampagne hervorrief. Dem Heimkehrenden wurde ein triumphaler Empfang bereitet.

Schulmeister, Dr. Otto (* 1. 4. 1916), Journalist.
Begann 1946 als außenpolitischer Redakteur bei der Zeitung „Die Presse", der er bis zu seiner Pensionierung die Treue hielt. 1961–1976 Chefredakteur und 1976–1989 Herausgeber. Populär wurde er in den 60er Jahren durch die Fernsehsendung „Diskussion der Chefredakteure".

Schwarzenberg, Fürst Karl (*10. 12. 1937), Hotelier und Forstwirt.
Die Familie gehörte einst zu den größten Grundbesitzern auf dem Gebiet der ehemaligen Tschechoslowakei. Dadurch und auch durch die Freundschaft zu Vaclav Havel bewogen, unternahm er alles, um den Exponenten der Chartabewegungen in Osteuropa im Westen Gehör zu verschaffen. 1990 berief ihn Havel als Kanzler in seine Staatskanzlei; übte das Amt bis 1992 aus.

Sinowatz, Dr. Fred (* 5. 2. 1929), Historiker, SPÖ-Politiker.
Aus der burgenländischen Kommunalpolitik kommend, holte ihn Kreisky 1971 als Unterrichtsminister in die Regierung. Wurde 1981 stellvertretender Parteivorsitzender und Vizekanzler, nach Kreiskys Rücktritt 1983 auch Bundeskanzler; ging mit der FPÖ eine kleine Koalition ein. 1986 zog er sich aus allen politischen Funktionen zurück.

Skraup, Karl (31. 7. 1898 – 2. 10. 1958), Schauspieler.
1935 ans Volkstheater engagiert, hielt er dem Haus bis an sein Lebensende die Treue. Seiner Schauspielkunst haftete etwas Dämonisches, Querköpfiges an; hervorragender Darsteller der Figuren Shakespeares, Nestroys und Raimunds. Das Volkstheater verleiht seit 1967/68 alljährlich den Karl-Skraup-Preis.

Slavik, Felix (3. 5. 1912 – 16. 10. 1980), SPÖ-Politiker.
Der ehemalige SP-Jugendfunktionär wirkte schon 1945 in der Provisorischen Wiener Stadtregierung als Stadtrat für Wohnungswesen. 1946 Bundesrat, 1949 Nationalrat, 1957 Leiter des Finanzressorts in der Wiener Stadtregierung, 1959 Vizebürgermeister. 1970–1973 Wiener Bürgermeister.

Slezak, Leo (18. 8. 1873 – 1. 6. 1946), Opernsänger und Filmkomiker.
Der später so berühmte Tenor wurde 1901 von Mahler an die Wiener Oper verpflichtet, der er bis 1934 angehörte. Als hervorragender Liedsänger erlangte er weltweite Bekanntheit. 1934 beendete er seine Opernkarriere und ging zum Film. Mir seinem urwüchsigen Humor und seinem tschechischen Akzent erlangte er ungeheure Popularität.

Staribacher, Dr. Josef (* 25. 3. 1921), SPÖ-Politiker.
Wurde 1961 Abgeordneter im Nationalrat. 1970–1983 Handelsminister. Sorgte stets für ein gutes Gesprächsklima mit den Sozialpartnern. Nach dem Ausscheiden aus dem Kabinett wurde er Vorsitzender des Aufsichtsrates der ÖIAG.

Steger, Dr. Norbert (* 6. 3. 1944), Jurist und FPÖ-Politiker.
Kam 1973 in die Wiener Landesparteileitung der FPÖ, 1974 in die Bundesparteileitung, ab 1979 hatte er ein Nationalratsmandat. Ab 1980 Bundesparteiobmann der FPÖ, 1983 Vizekanzler und Bundesminister für Handel, Gewerbe und Industrie (kleine Koalition). 1986 löste ihn Jörg Haider als Parteichef ab, worauf Kanzler Vranitzky das Koalitionsabkommen mit der FPÖ aufkündigte.

Steinbauer, Heribert (* 29. 3. 1935), Medienstratege.

War 1967–1970 Generalsekretär, 1970–1975 stellvertretender Generalsekretär des ORF, 1974–1980 Mitglied der Hörer- und Sehervertretung. Ist seit 1977 Mitglied des ORF-Kuratoriums, seit 1975 Mediensprecher der ÖVP. Seit 1975 Mitglied des Nationalrats, seit 1980 Mitglied des Entwicklungshilfebeirats im Bundeskanzleramt; war 1986–1989 Leiter des Büros von Vizekanzler Mock.

Steyrer, Dr. Kurt (* 3. 6. 1920), Arzt und SPÖ-Politiker.
Trat 1946 der SPÖ bei und wurde Obmann der Sozialistischen Ärztevereinigung. 1975 Übernahme eines Nationalratsmandats. 1981–1985 Minister für Gesundheit und Umweltschutz. 1986 unterlag er im zweiten Wahlgang der Bundespräsidentschaftswahl gegen Kurt Waldheim. 1986–1988 hatte er ein Gemeinderatsmandat inne.

Streicher, Dr. Rudolf (* 19. 1. 1939), SPÖ-Politikerr.
Aus der Verstaatlichten Industrie kommend, wurde er 1980 Generaldirektor der nunmehrigen Austria Metall AG und 1986 kurze Zeit Generaldirektor der Steyr-Daimler-Puch AG. Ab Juni 1986 Minister für öffentliche Wirtschaft und Verkehr.
Legte dieses Amt zurück, als ihn die SPÖ als Kandidaten für die Bundespräsidentenwahl 1992 nominierte, in der er gegen Thomas Klestil unterlag.

Taus, Dr. Josef (* 8. 2. 1933), Wirtschaftsfachmann und ÖVP-Politiker.
Nach Institut für Wirtschaftsforschung, Girozentrale und Bank der österr. Sparkassen AG stellte ihn die ÖVP 1966 als Nationalratsabgeordneten auf, im selben Jahr wurde er Staatssekretär im Bundesministerium für Verkehr. 1967–1975 Vorsitzender im Aufsichtsrat der ÖIAG. 1975–1979 Bundesparteiobmann der ÖVP. 1991 Niederlegung des Abgeordnetenmandats.

Thimig, Hans (23. 7. 1900 – 17. 2. 1991), Kammerschauspieler und Regisseur.
Der jüngste Sohn Hugo Thimigs war bis zu seiner Pensionierung 1966 Burgschauspieler. Populär wurde er als Hofrat Floriani in der „Radio-Familie".

Thimig, Helene (5. 6. 1889 – 7. 11. 1974), Kammerschauspielerin.
Tochter Hugo Thimigs und Ehefrau Max Reinhardts, mit dem sie 1937 in die amerikanische Emigration ging. Kehrte 1946 (Reinhardt war 1943 gestorben) nach Wien und zu den Salzburger Festspielen („Jedermann") zurück und wurde Mitglied des Burgtheaters, ab 1954 auch des Theaters in der Josefstadt. 1948–1959 Leitung des Reinhardt-Seminars.

Thimig, Hermann (3. 10. 1890 – 7. 7. 1982), Kammerschauspieler.
Der älteste Sohn Hugo Thimigs spielte wie seine Geschwister unter Max Reinhardt und gehörte bis 1968 dem Burgtheater an.

Torberg, Friedrich (eigentl. F. Ephraim Kantor-Berg; 16. 9. 1908 – 10. 11. 1979), Schriftsteller, Kritiker und Essayist.
Fühlte sich als deutsch-jüdischer Schriftsteller, betätigte sich nach der Rückkehr aus der Emigration als Kulturkorrespondent. Torberg bearbeitete den Nachlaß von Fritz Herzmanovsky-Orlando und übersetzte die Texte von Ephraim Kishon ins Deutsche. Sein Werk umfaßt neben der berühmten „Tante Jolesch" (1975) Gedichte, Kurzgeschichten, Zeitungsartikel und Romane.

Tschadek, Dr. Otto (31. 10. 1904 – 4. 2. 1969), Rechtsanwalt und SPÖ-Politiker.
1946–1960 Inhaber eines SPÖ-Nationalratsmandates. 1949 – 1952 und 1956–1960 Justizminister. Danach stellvertretender Landeshauptmann von NÖ.

Vranitzky, Dr. Franz (* 4. 10. 1937), Banker und SPÖ-Politiker.
Trat 1970 ins Finanzministerium ein und wurde 1976 Vorsitzenden-Stellvertreter der Creditanstalt-Bankverein. 1981 in gleicher Funktion an die Österr. Länderbank geholt, wurde er dort bald Vorstandsvorsitzender. 1984–1986 Finanzminister, 1986 Bundeskanzler. Seit 1988 auch Parteivorsitzender der SPÖ.

Waldbrunner, Ing. Karl (25. 11. 1906 – 5. 6. 1980), Elektrotechniker und SPÖ-Politiker.
1945 Abgeordneter für die SPÖ, gleichzeitig Unterstaatssekretär für Handel und Gewerbe, bald danach Staatssekretär im Ministerium für Vermögenssicherung und Wirtschaftsplanung. 1948–1956 Bundesminister für Verkehr und verstaatlichte Betriebe. 1962–1970 Zweiter, 1970/71 Erster Nationalratspräsident. Ab 1970 Vizepräsident der Oesterreichischen Nationalbank.

Waldheim, Dr. Kurt (* 21. 12. 1918), Diplomat und Politiker.
Begann seine diplomatische Karriere nach dem Krieg, war Botschafter und 1971–1981 Generalsekretär der UNO. Unterlag 1971 als ÖVP-Kandidat bei der Bundespräsidentenwahl gegen Franz Jonas, erreichte dieses Amt jedoch 1986 im zweiten Wahlgang gegen Kurt Steyrer. Geriet bald wegen seiner Kriegsvergangenheit ins Kreuzfeuer der Kritik. Eine internationale Historikerkommission konnte ihm zwar keine unmittelbare Beteiligung an Kriegsverbrechen nachweisen, er blieb aber während der gesamten Amtszeit international isoliert.

Wallnöfer, Eduard (11. 12. 1913 – 15. 3. 1989), Landwirt und ÖVP-Politiker.
Wurde 1949 Tiroler Landtagsabgeordneter und gleichzeitig Mitglied der Landesregierung. 1963 Landesparteiobmann der ÖVP und Tiroler Landeshauptmann. Beide Funktionen legte er 1987 zurück.

Weigel, Hans (29. 5. 1908 – 12. 8. 1991), Schriftsteller, Kritiker und Übersetzer.
War in jungen Jahren Verlagslektor und verfaßte Chansontexte und Kabarettnummern. Nach dem Krieg war er ein gefürchteter Theaterkritiker. Bekannt als Nestroy-Bearbeiter und Übersetzer des Gesamtwerks von Molière. Ab 1961 widmete er sich intensiv der eigenen schriftstellerischen Arbeit. Zahlreiche Bücher und Essays entstanden, in denen er sich kritisch mit Österreich und den Österreichern auseinandersetzte.

Weinberger, Dr. Alois (Lois) (22. 6. 1902 – 17. 3. 1961), ÖVP-Politiker.
Gehörte zu den Mitbegründern der ÖVP und des ÖAAB. War im ersten Kabinett Renner Unterstaatssekretär für soziale Verwaltung; nach den Wahlen Bundesminister im Bundeskanzleramt. 1946–1959 Stadtrat und Vizebürgermeister von Wien.

Werner, Oskar (eigentl. O. Josef Bschließmayer; 13. 11. 1922 – 23. 8. 1984), Schauspieler.
Der schwierige und sensible Schauspieler mit der unvergleichlichen Stimme gehörte 1941–1949, 1951–1955 und 1960/61 dem Ensemble des Burgtheaters an und bescherte dem Publikum viele künstlerische Sternstunden. Ab 1948 startete er eine internationale Filmkarriere (u.a. „Das Narrenschiff", 1965, und „Fahrenheit 451", 1966).

Wiener, Oswald (* 5. 10. 1935), Schriftsteller.
Ab 1954 erste literarische Versuche, Mitglied der avantgardistischen Autorenvereinigung „Wiener Gruppe". Schrieb 1969 den Roman „die verbesserung von mitteleuropa", der von Ludwig Wittgenstein beeinflußt ist. Seine sprachtheoretischen Untersuchungen stellen an den Leser hohe Anforderungen.

Wiesenthal, Ing. Simon (* 31. 12. 1908), Publizist.
Von den Deutschen 1941 in Lemberg verhaftet, mußte er bis 1945 12 KZs durchleben und begann 1947 mit dem Aufbau eines Dokumentationszentrums, das die Nazi-Greuel festhalten sollte. Ihm ist die Auffindung des NS-Verbrechers Eichmann zu danken, weitere 1000 NS-Schergen brachte er ebenfalls vor den Richter. 1961 Gründung des „Jüdischen Dokumentationszentrums" in Wien. In einer Reihe von Publikationen versuchte er, die Greuel des Holocaust zu verarbeiten.

Withalm, Dr. Hermann (* 21. 4. 1912), Notar und ÖVP-Politiker.
Wurde nach dem Krieg von Julius Raab in die Politik geholt. 1953–1971 hatte er ein Nationalratsmandat inne. 1960–1970 Generalsekretär der ÖVP, bis 1968 auch Klubobmann. 1968–1970 Vizekanzler, 1972–1988 Bundesobmann des ÖVP-Seniorenbundes.

Wolf, Gusti (* 11. 4. 1912), Kammerschauspielerin.
Debutierte bereits 1934 am Burgtheater, an das sie 1946 in ein festes Engagement zurückkehrte. Bis heute erfreut die zierliche und temperamentvolle Schauspielerin ihr Publikum. 1937 wurde sie überdies für den Film entdeckt, später wirkte sie in vielen Fernsehserien mit (u.a. „Kottan ermittelt").

Wotruba, Fritz (23. 4. 1907 – 28. 8. 1975), Bildhauer und Bühnenbildner.
Wohl der bedeutendste österreichische Bildhauer unseres Jahrhunderts. Wurde nach 1945 Professor an der Akademie der bildenden Künste in Wien, viele seiner ehemaligen Schüler bestimmen heute das Bild der österreichischen Plastik. Mit der Kirche „Zur Heiligen Dreifaltigkeit" in Wien-Mauer hat er sich ein Denkmal gesetzt. Darüber hinaus schuf er Bühnenbilder, Aquarelle und Zeichnungen.

Zeiler, Gerhard (* 20. 7. 1955), Medienfachmann.
1976–1979 wissenschaftlicher Assistent beim Österr. Institut für Berufsbildungsforschung, anschließend bis 1979 Redakteur beim Pressedienst „Sozialistische Korrespondenz". Ab 1979 Pressesekretär und Pressesprecher des Bundesministeriums für Unterricht und Kunst, 1983–1986 Pressesprecher des Bundeskanzlers. 1986–1990 Generalsekretär des ORF. 1991–1992 Alleingeschäftsführer des privaten deutschen Fernsehsenders TELE 5, 1992 bis August 1994 Geschäftsführer bei RTL 2.

Zilk, Dr. Helmut (* 9. 6. 1927), Lehrer und SPÖ-Politiker.
Trat 1950 der SPÖ bei und war 1958–1966 Professor für Pädagogik an der Bundeslehrerbildungsanstalt, arbeitete jedoch seit 1955 auch beim ORF. Ab 1962 leitete er die Talkshow „Stadtgespräche" und war 1967–1974 Programmdirektor. 1979 Stadtrat für Kultur im Stadtsenat, 1983–1984 Unterrichtsminister. Seit 1984 Wiener Bürgermeister.

Verzeichnis der Photographen

RUDOLF BLAHA
Seite 230

OTTO BREICHA
Seite 292

ERNST HAAS (Copyright Haas Studio Inc., New York)
Seite 28, 38, 39

FRANZ HUBMANN
Seite 64, 82, 83, 96, 125, 138, 173 u., 225, 242 u.

WOLFGANG KUDRNOFSKY
Seite 29

FRED LANGENHAGEN
Seite 274, 276, 301, 308, 328, 334, 336, 340

PETER LEHNER
Seite 222, 233

ERICH LESSING (Copyright Magnum, Paris)
Seite 53, 57, 65, 76, 78

MARGIT MÜNSTER
Seite 332, 333

BARBARA PFLAUM
Seite 79, 84, 87, 91, 97, 99, 108 u., 121, 128, 131, 132, 142, 147, 151, 152, 154, 158, 174 o., 182, 208, 216, 242 o.

LOTHAR RÜBELT
Seite 18, 25, 40, 41, 60, 80, 81, 112 u.

NORA SCHUSTER
Seite 110, 170 o., 185, 186, 196, 204, 206, 213, 219, 220, 227, 237, 248, 250, 252, 254, 267, 268, 279, 282, 286, 295, 297, 309 o., 309 u., 314, 317, 320, 339, 342, 348, 353, 354

CHRISTIAN SKREIN
Seite 139

HARRY WEBER
Seite 36, 52, 54, 58, 59, 75, 122, 124, 135, 136, 156, 161, 162, 190, 240, 247, 250, 305

MARGRET WENZEL-JELINEK
Seite 93, 164, 173 o., 178, 198, 203, 214, 241, 258, 265, 270, 280, 289, 291, 306, 323

ARCHIV DR. CHRISTIAN BRANDSTÄTTER
Seite 22, 24

ARCHIV VERLAG CHRISTIAN BRANDSTÄTTER
Seite 21 (Ing. Leopold Helbich), 26, 27, 30 (ORF - Historisches Archiv), 31 (Stadtmuseum Linz), 32, 34, 35 (Brüder Basch), 37 (Stadtmuseum Linz), 43 (Herbert Kofler), 44 (Brüder Basch), 46 o., 47, 61 (Lucca Chmel), 72 (Franz Hausmann), 73 (Herbert Kofler), 86 (Brüder Basch), 88 (Brüder Basch), 105 (Herbert Kofler), 107, 108 o., 111 (Franz Hausmann), 112 o. (Herbert Kofler), 116 (Herbert Kofler), 140, 169 o., 170 u., 193, 200 (Fritz Mottl), 239

ÖSTERREICHISCHE NATIONALBIBLIOTHEK (Bildarchiv)
Seite 33, 42, 46 u., 56, 62, 101

VOTAVA
Seite 23, 55, 67, 70/71, 145